图书在版编目（CIP）数据

湖南少数民族非遗传承人口述史. 瑶族卷/魏建中，龙运荣，姜莉芳著. —长沙：湖南大学出版社，2024.7
ISBN 978-7-5667-3327-6

Ⅰ.①湖… Ⅱ.①魏…②龙…③姜… Ⅲ.①瑶族—非物质文化遗产—介绍—湖南 Ⅳ.①G127.64

中国国家版本馆CIP数据核字（2023）第255496号

湖南少数民族非遗传承人口述史·瑶族卷
HUNAN SHAOSHU MINZU FEIYI CHUANCHENGREN KOUSHUSHI · YAOZU JUAN

著　　者：魏建中　龙运荣　姜莉芳				
丛书策划：刘　锋　祝世英				
责任编辑：祝世英				
印　　装：湖南省众鑫印务有限公司				
开　　本：710 mm×1000 mm　1/16	印　　张：14.25	字　　数：220千字		
版　　次：2024年7月第1版	印　　次：2024年7月第1次印刷			
书　　号：ISBN 978-7-5667-3327-6				
定　　价：72.00元				

出版人：李文邦
出版发行：湖南大学出版社
社　　址：湖南·长沙·岳麓山　　　　邮　编：410082
电　　话：0731-88822559（营销部），88821327（编辑室），88821006（出版部）
传　　真：0731-88822264（总编室）
网　　址：http://press.hnu.edu.cn
电子邮箱：1138705953@qq.com

• 湖南省教育厅基金重点项目"湘黔桂毗邻民族地区多元信仰与中华文化认同研究"（204
  阶段性成果
• 湖南省"十四五"应用特色学科"中国语言文学"学科

湖湘文化保护传承工程

魏建中　龙运荣　姜莉芳 —— 著

瑶族卷

湖南少数民族非遗传承人口述史

湖南大学出版社·长沙

中华优秀传统文化是中华民族共同的"根"和"魂"。中华文明生生不息、薪火相传，是增进中华民族认同的精神纽带。中国非物质文化遗产是民众在生产生活中创造的智慧经验，是中华优秀传统文化的重要组成部分。保护与传承我国非物质文化遗产成为时代的应有之义。

自 2001 年联合国教科文组织公布首批人类口头和非物质文化遗产代表作名录以来，非物质文化遗产已经成为文化研究领域出现的高频词语之一。传承人不仅是非物质文化遗产的载体，更是非物质文化遗产的持有者和传播者。保护非物质文化遗产，最核心、最关键的就是保护传承人。为传承人做口述史是保护非物质文化遗产非常有效、非常有益的工作之一。

冯骥才主编的《传承人口述史方法论研究》指出，传承人的口述具有文化主体性和原生性、自律性和自为性、多重建构性；传承人口述史具有重要的身体经验价值，是民间文化的重要内容。因此，传承人口述史的着眼点在"人"，而不是"技艺"和"记忆"，应凸显传承人作为文化持有者和实践者的主体地位。著名作家李辉指出：走进历史的最好方式，就是在不同人物的命运故事里，通过细节来触摸历史。这样的历史，不是教科书上的概念，它有体温，有错综复杂的人际关联，有命运之间的相互呼应。

湖南历史悠久，文脉绵长，那山、那水、那人，承载了博大精深的湖湘文化。湖南具有独特的自然环境，钱基博认为湖南"人杰地灵，大儒迭起，前不见古人，后不见来者，……以开一代之风气，盖地理使之然也"。湖南有一湖四水的大河大湖文明，湘、资、沅、澧等四水汇聚于"八百里洞庭"；长江之水也从西北涌入洞庭湖。大河大湖以便利的交通将湖南各区域整合为一个整体，各民族在湖湘大地上交往交流交融，形成血肉相连的文化共同体。同时，湖南也是山地文明闪耀的明珠，从西北到南方，分布着武陵山、雪峰山、南岭等，土家族、苗族、侗族、瑶族、白族等民族很早就生息于此，创造了丰富的山地文化，并与中原地区南下的汉族长期交融，形成了"你中有我，我中有你"的互嵌式的分布格局和休戚与共的命运共同体。

中国非物质文化遗产是中华民族共同创造、分享、传承的精神财富，文化遗产往往跨越民族、地域界限，成为多民族、多地域共同享有的生活文化。湖南少数民族非物质文化遗产丰富多彩，遍布全省。其具有以下三个特点。

其一，共创。目前大量非物质文化遗产属于各民族共同创造，如孟姜女传说、炎帝神农传说、赛龙舟、傩戏等，不仅在汉族地区盛行，而且受到土家族、苗族、侗族、瑶族等少数民族人民的喜爱与传承。国家级非物质文化遗产"靖州苗族歌鼟"（"鼟"，侗语词，为"根源""源头"之意）在申报时，确定其艺术群体为苗族群体，"由锹里苗族同胞在生产劳动中模仿鸟鸣、蝉唱、流水、林涛等大自然和声逐渐演变而成的多声部民歌"。其实，该艺术形式广泛流传于湘黔边界的多民族群体中，且用当地汉语方言"酸话"演唱，当地称"大歌"。靖州苗族歌鼟可视为当地汉、苗、侗等民族文化聚集融合的产物。

其二，共享。中国非物质文化遗产是中华民族智慧的结晶，各民族在相互融合的过程中形成了荣辱与共、守望相助的文化共同体，非物质文化遗产成为各民族共享的精神财富。如农耕文化最为重要的"农历二十四节气"，湖南省境内的各民族均共享这一宝贵财富。侗族在立春时节由人扮演"春官"进行说唱，祈祷风调雨顺、丰衣足食。"春官"本是周代一种职官，执掌农耕事务，后世民间出现扮演"春官"的说唱艺人在农村走家串户表演，形成一种劝农祈福的"春官送春"习俗。湘西地区的苗族、土家族、侗族，对清明节、端午节、重阳节等非常重视，节日时往往整个家族举行相关集体活动。

其三，共识。中国非物质文化遗产不仅是传承民族文化、凝聚民族精神的重要载体，而且是各民族共识的价值。如"盘古神话"这一中华民族创世神话在湖南西部的苗族、侗族、土家族等地区具有广泛共识，拥有相同的创世神话基因。又如湖南西部少数民族地区盛行伏羲、女娲传说和洪水神话，这些均与中国古史记载的黄河流域华夏族创世神话相同。各民族对中华文化及其核心价值的认同体现在非物质文化遗产之中，非物质文化遗产成为凝聚各民族的精神纽带。

现阶段，中国非物质文化遗产正在遭遇现代化冲击，"保护为主，抢救第一，合理利用，传承发展"的工作方针，一方面表明非物质文化遗产的传承面临困境，另一方面告诫我们，对于非物质文化遗产，抢救性工作必须置于首位。当下，非物质文化遗产传承人普遍年龄较大，面临断代危机，因此，当务之急就是开展相关的记录和保护工作。

"口述史"的研究，已突破了其所属的历史学科领域的界限，被广泛地运用于其他学科领域，促进了学科间的交叉融合。国家级非物质文化遗产传承人除掌握了丰富的知识和精湛的技艺外，同时也是历史文化的持有者和传递者。将对非物质文化遗产传承人抢救性记录中的访谈内容梳理转化为口述史，是一项有意义却又繁重的工作。

非物质文化遗产保护和传承，核心在"人"。我们需要走出书斋，进入广阔的田野，关注普通民众的日常实践，从传承人的个体历史和集体记忆中探寻文化的精神价值。因此，我们组建湖南少数民族非物质文化遗产传承人口述史调研团队，借鉴民族志的方法，让传承人以局内人视角"讲述自己的故事"，以保证口述历史的真实性、完整性，促进非遗传承的"多声部合唱"。

　　我们编写本系列丛书的目的是，通过对湖南少数民族非物质文化遗产传承人的调查，发掘和总结湖南人民在改造自然、发展生产、创造文明等方面的优秀遗产和宝贵经验。

　　新时代，让我们在增进共同性、尊重和包容差异性的基础上，保护和传承湖南少数民族非物质文化遗产，推进中华民族共有精神家园建设，促进中华各民族交往交流交融，不断巩固中华民族共同体思想，铸牢中华民族共同体意识。

曹端波

湖南鹤城·2023 年 10 月

第一章

盘王大歌

把瑶歌唱给毛主席听是我一生的荣耀：赵庚妹

访谈时间：2022 年 2 月 14 日

访谈地点：江华瑶族自治县九鼎印象瑶都小区

访谈对象：赵庚妹

访 谈 者：龙运荣 谭世平 龙怡安

访谈手记：赵庚妹是一位热爱生活、热爱瑶歌的瑶族"歌妈"①。她从小唱瑶歌，14 岁把瑶歌唱到了北京、唱给毛主席听，这是她一生最大的荣耀，也是不断激励她传唱瑶歌、传承和保护瑶族传统文化的巨大动力。在采访过程中，我们深深地被赵老师对瑶族传统文化的挚爱所感动。从赵老师身上，我们看到一位普通的民间文艺工作者的使命与坚守，看到一位国家级非遗传承人的责任与担当。

　　赵庚妹，女，瑶族，国家级非物质文化遗产代表性项目《盘王大歌》国家级代表性传承人，出生在《盘王大歌》传习世家，自幼受家庭熏陶，能熟练吟唱《盘王大歌》的主要曲牌"七任曲" 36 段正歌唱词，以及"讲歌""过山声""短声牌"等共 200 多首唱词。1964 年初冬，14 岁的赵庚妹被选上参加在北京举办的全国首届少数民族业余艺术观摩演出会，在人民大会堂表演了瑶族歌谣《站在瑶山望北京》和瑶族舞蹈《汽车开到荆竹寨》，受到毛主席等党和国家领导人的接见。

———————————

① 歌妈：对瑶歌唱得好、有影响力、德高望重的瑶族女歌手的尊称。

1965 年，她被招进县歌舞剧团，后来又被调到文化馆、图书馆等单位工作。其间，她参加过各种庆典活动和接待国外瑶胞等工作。1984 年，她参加了在广西南宁举办的全国首届瑶族盘王节，演唱瑶族歌谣、表演瑶族长鼓舞。从 1965 年到 1995 年，她连续在江华瑶族自治县成立庆典活动中演唱瑶歌，主持坐歌堂、赛歌会，为当之无愧的

⊙图 1-1　赵庚妹（赵庚妹　提供）

瑶家"歌妈"。2018 年 5 月，赵庚妹被认定为第五批国家级非物质文化遗产代表性项目代表性传承人。近年来，永州市加大对《盘王大歌》等瑶族文化的推广力度，赵庚妹除每周都到县图书馆为群众传授瑶歌、瑶语外，还应邀到湖南科技学院等院校讲学、授课。目前，经她培训的学生、弟子遍布各行业、各单位。赵庚妹表示，自己有责任将《盘王大歌》继续传承下去，下一步她准备将《盘王大歌》的各种唱腔和坐歌堂的唱腔整理录制下来，写成歌谱，将瑶族文化发扬光大。

项目简介

《盘王大歌》又称《盘王歌》《盘王细歌》，是瑶族民间文学代表作品之一，系国家级非物质文化遗产，其历史悠久，源远流长。

《盘王大歌》主要流传于江华瑶族自治县及其他瑶族地区，是一部具有民族史诗性质的瑶族古歌，是瑶族人民世世代代祭祀祖先盘王活动仪式的歌谣。《盘王大歌》萌芽于原始社会，雏形现于晋代，形成于唐宋，成熟于明末清初。清乾隆年间发现了《盘王大歌》手抄本，有十二段词、二十四段词和三十六段词三种版本，每一段都有三千行以上，总数达万行之多。2014 年 11 月 11 日，经中华人民共和国国务院批准，《盘王大歌》被列入第四批国家级非物质文化遗产名录。

《盘王大歌》的基本形式为七言诗体，由序歌、插歌、正歌和杂歌组成，内容涵括瑶族先民的自然观、人类起源说、瑶族的产生与迁徙、瑶族的婚恋、瑶族的创业史，主要体现为以下六个方面：一是关于天地开辟、万物起源的创世神话，如《远古天地人间》《洪水淹天》《雷落地》《葫芦歌》《禾王送禾到人间》等。二是关于瑶族历史、迁徙的英雄古歌，如《盘王出世》《盘王献计》《盘王出游歌》《十二姓瑶人游天下》《过山根》《六面词》《桃源峒歌》《千家峒歌》《连州歌》《长鼓出世歌》等。三是表现劳动生产生活，其中既有反映瑶族狩猎生活的，如《放猎狗》《立横枪》等；又有表现农耕生活的，如《天大旱》《种竹禾》等；还有描述手工业劳动的，如《鲁班造车》《长鼓出世歌》等。四是表现爱情生活，诸如《日出早》《日出中》《日斜斜》《歌一段》《郎老了》《夜深深》《大小星》《月亮亮》《天地暗》《相逢贤曲》《万段曲》《亚六曲》《荷叶杯曲》《夜黄昏》《梁山伯》等，《盘王大歌》里面情歌的篇目（或歌段）和分量均较重。五是反映瑶族所崇奉的神祇，如盘古大王、盘王、雷王、雨王、竹王、唐王、刘王、暖王、鲁班、李广、灶王以及翁爷家先等。六是表现诙谐、逗乐生活，如《见大怪》《何物歌》等。

《盘王大歌》保存了瑶族七支古老的曲牌，称为"七任曲"，即梅花曲、南花子、飞江南、相逢贤曲、万段曲、亚六曲、荷叶杯。每支曲子唱法不同，歌词格律各异。

《盘王大歌》的歌腔分为师公腔、飞流飞腔、深排腔、呐发腔、啦哩腔（"七任曲"专用曲调）几类。腔调多种多样，几乎囊括了瑶族民歌的所有腔调。无论是歌曲曲调还是具体演唱，都不是单一固定的形式，七支曲牌可清唱、可伴奏，可以诵为主，亦可唱诵兼具，可谓灵活自由，具有较强的感染力和吸引力。

我出生在瑶族民间艺人世家

我叫赵庚妹，1950年出生在江华瑶族自治县湘江乡樟木口村的大瑶山里，今年72岁了。我们家一共有四姊妹，我排行老二，还有一个姐姐和两个弟弟。我从8岁开始学习瑶歌，60年来，致力于瑶歌的学习和传承。2018年，我被认定为国家级非物质文化遗产代表性项目民间文学《盘王大歌》国家级代表性传承人。

我们家世代法师，我爷爷和父亲都是瑶族大法师。爷爷名叫赵铭福，法名赵法盖，父亲名叫赵成河，法名赵法贵，他们都是经历过度戒的大法师。

度戒，普通的说法是成人礼。从前，在我们瑶族地区，凡年龄满十三四岁的男孩，都要经过一次受戒仪式，举行过仪式的男孩表示已经成人了。度戒时，师父传给弟子许多戒律，实际上也就是道教的戒律。度戒是瑶族人一生中最隆重的成人传统礼仪，是瑶族自古流传下来的对后人进行道德教育的一种方式。没有经历过度戒的瑶族少年，不算成年人，不能结婚，没有社会地位，不被承认是盘王的子孙。

我的《盘王大歌》是从我爷爷那里继承下来的。我手里至今还保留着我爷爷的《盘王大歌》手抄本，是清代流传下来的，已经有两百多年历史了。

我们瑶族的歌谣多是纪念盘王的歌，还有还盘王愿的习俗。我的爷爷会唱《盘王大歌》。我妈妈的瑶歌也唱得非常好，是当地"歌妈"。我从小就跟着家里人学唱瑶歌，后来又师从瑶族"歌王"盘财佑和瑶族"歌仙"赵荣谦。

小时候我长得活泼可爱，聪明伶俐，爷爷非常喜欢我。在我们老家的吊脚楼上，爷爷经常在阳台上抄写各个地方的歌本。那个时候我还不认字，就只能在一旁帮爷爷磨墨，爷爷抄写祭祀盘王歌曲的时候，时不时会情不自禁地唱起来，我也会在旁边跟着爷爷咿咿呀呀地唱。后来爷爷见我对瑶歌感兴趣，就开始照着抄本上面的字，一边教我认字，一边带我唱瑶歌。

《盘王大歌》从我祖辈一路传承下来，到我这一辈已经传到第十一代了。8岁时我就跟祖父学唱瑶歌，学习瑶歌唱腔和歌词，后来自己学唱歌。因为喜欢唱歌，所以我比村里很多人唱得好。那时候哪家嫁娶，或是赶场、赶圩、村子里的祭祀活动，我都去唱歌。渐渐地，我在家乡唱出了名气，十二三岁就跟着大人坐歌堂，14岁被选送到北京唱《盘王大歌》，并见到了毛主席，从此我的一生与《盘王大歌》结下了不解之缘。

⊙图1-2　赵庚妹在介绍《盘王大歌》（龙怡安　摄）

《盘王大歌》是瑶族的"史诗"，是瑶族社会的"百科全书"

《盘王大歌》又被称为《盘王大歌书》《还愿歌》《鼠干歌》，是一部瑶族诗歌总集，被誉为瑶族的"史诗"。现存于世的歌本上万行，包括瑶族先民的自然观、人类起源说、瑶族的产生与迁徙、瑶族的婚恋、瑶族的创业史、天地自然、十二姓等内容，全面记述了瑶族的历史和文化，被称为瑶族社会的"百科全书"。

瑶族传为盘王的后裔。历史上，瑶族的迁徙非常频繁，从黄河中下游地区一直迁徙，迁徙到了现在的广西、湖南、广东等地，有的甚至迁到了东南亚还有美国等地，现在美国还有很多瑶族。我们江华被称为"神州瑶都"，千家峒是世界瑶族的发源地。在迁徙过程中，我们的祖先爬山越岭，历尽千辛万苦。途中渡河时，狂风大作，飞浪滔天。我爷爷说，当时我们的祖先在水上漂了足足七七四十九天，他们无计可施，只有求助于始祖盘王保佑，并许愿如祖先保佑渡过难关，以后子孙万代将给盘王还愿，感谢恩德。于是，瑶民在船头拜祭了盘王，果然灵验，狂风恶浪顿息，瑶民平安抵达。从此，瑶民便信守诺言，开始"还盘王愿"以示感谢。

"还盘王愿"是瑶民古老的祭祀祖先、祈祷地方平安和人丁兴旺的传统民俗活动。为纪念盘王，瑶族人民每年举行盘王节，现在统一定在了农历十月十六日。盘王节历史悠久，史籍中多有记载。"还盘王愿"都要请法师、歌师、歌娘、长鼓手、锣鼓队等，届时要唱《盘王大歌》，法师要喃词念经，鼓手要跳长鼓舞等，既娱神又娱人。

《盘王大歌》主要流传在瑶族聚居地区，多以汉字记音手抄本或口头传承的方式流传于民间，演唱用瑶语。《盘王大歌》主要靠口头记忆，版本比较多。《盘王大歌》有三十六段、二十四段与十二段三种版本，后两种版本是前一种版本的摘选本，每一段都有三千行以上，共达到万行之多。

在唱《盘王大歌》时，由于不记录唱腔曲调，各地唱法有区别。瑶族居住分散，腔调各有不同，还有一些经常用的字在不同场合有不同的意义，要解释才能明白。比如"娘"字，汉语中指的是母亲，传统瑶歌中"小娘"就是"小妹"，用于自称。"小娘唱歌在西边"中的"小娘"，实际上是指小妹。如序歌中的《日出早》："日头出早娘担水，半桶清水半桶沙。半桶煮饭爷娘吃，半桶洗面出莲花。日头出早娘担水，半桶清水半桶苔。半桶煮饭爷娘吃，半桶洗面出官人。日头出早娘担水，担到日斜不见归。"这里的意思就是：太阳出山，小妹去河边挑水，水不干净，只有一半能用，煮好饭之后给父母亲吃。第一个"娘"指的是小妹，第二个"娘"指的则是母亲。

《盘王大歌》由四部分组成,法师念唱,声音低沉、悲壮,歌娘主唱贺歌,抒情性较强。《盘王大歌》经历了一个不断补充和丰富的过程,"还盘王愿"时主要就是跳盘王舞和唱乐神歌。为了使盘王高兴,瑶族人民把自己的创作通过欢唱的方式展现于盘王前。人们不断积累在"还盘王愿"时所唱的各种歌谣,将其汇入《盘王大歌》。所以,《盘王大歌》可以说是一部歌集。

为纪念盘王,瑶族人民每年举行盘王节。在过盘王节与"还盘王愿"时,都要由法师演唱《盘王大歌》。盘王节中,请瑶族的"祖先神"和全族人前来"流乐"(瑶语,玩乐的意思)。这一部分分为前后两部分,其中"流乐"上半场是请瑶族各路"祖先神"参加盘王节的各种文艺娱乐活动。活动中先是请歌师、歌娘出来摆歌堂,模拟瑶族的歌堂仪式,唱情歌以娱盘王;接着分别打长鼓、吹竹笛、打沙板、吹唢呐,表演给盘王看,实际上是全族人观看并娱乐;然后要举行隆重的"挂红萝花帐"仪式,请出三名童女,其中一名做新娘打扮,又称为"盘王女",以取悦盘王。"流乐"下半场主要是摆下洪沙大席,专门宴请盘王,由主持仪式的4位法师、举办"还盘王愿"的主家和歌娘一起吟唱《盘王大歌》。吟唱《盘王大歌》是"还盘王愿"中最重要的仪式。

《盘王大歌》深受瑶族人民喜爱,具有广泛的群众性和民间传承性,在瑶族地区影响广泛而深远。《盘王大歌》由绪歌、插歌、正歌和杂歌四部分组成。绪歌和正歌是请神、安神、酬神、拜神、送神,由法师念唱,声音比较低沉。法师的旋律曲调比较平缓,起伏不大,许多唱词类似于"诵唱"。杂歌是"歌妈"唱的,不在大歌抄本之列,有单独的歌本,有贺歌、二十四节气、情歌、生产生活等内容,抒情成分多一些,就比较欢快轻松一些,更具有旋律线条。

江华瑶族自治县的《盘王大歌》在唱腔上主要分两类:一是法师唱腔,二是"歌妈"唱腔,有讲歌、长声牌、短声牌、盘王点圣女等。我虽然是"歌妈",但从小跟爷爷和父亲学习,也擅长唱法师唱腔。

《盘王大歌》不但有歌,而且有曲;歌有歌名,曲有曲牌。《盘王大歌》全诗一共三十六段,分为七章,以七言体诵唱。设七曲作为每一歌章的结尾，所以被称为"七任曲"。在唱《盘王大歌》时，分七个段落，每一个段落插一任曲。歌娘接唱，与法师同时唱，歌词内容各不相同。法师中途不能停下，可轮换唱，或为节约时间两个法师同时唱，歌娘在规定的地方插歌进来，不讲究和谐，各唱各的，直到把规定的内容唱完。

《盘王大歌》广泛流传于瑶族人民生活的地区，保存了一些颇有价值的史料，记叙了许多神话、传说和生活习俗，起到了传播瑶族历史文化的作用。

比如说关于瑶族的发源地，《盘王大歌》手抄本里就有桃源峒的记载。据说，桃源峒是当时瑶族先辈居住的地方。手抄本是这样写的：

> 心心爱入桃源峒，桃源峒口种苗生。
>
> 二人相伴入桃峒，莫在桃源峒口行。
>
> 心心爱入桃源峒，可惜本无无本才。
>
> 大哥有禾借五百，大家入峒看花开。
>
> 心心爱入桃源峒，可惜手中无本钱。
>
> 大哥有禾借五百，连贯数禾也是禾。
>
> 心心爱入桃源峒，脚踏桃源细合心。
>
> 手拿刀子破桃物，正是桃源峒里人。
>
> 爱吃桃子入桃峒，爱吃香茶入杭州。
>
> 爱吃鲤鱼三江口，琵琶愁怨入桃村。
>
> 桃源峒头大峒田，三百牯牛犁一边。
>
> 上头一边犁不到，山猪马鹿里头眠。
>
> 山猪马鹿里头眠，三峒糯米四峒粳。
>
> 姊妹相邀早早去，买得桃源上峒粘。
>
> 桃源峒头七峒田，三峒生禾四峒荒。
>
> 三峒生禾收不尽，四峒不生草青青。

瑶族人民非常勤劳朴实，热情好客。如《盘王大歌》中《第一洪水沙曲》开头就是这样唱的：

> 一片乌云四边开，
>
> 远方客人到瑶寨；

来到官厅底，

酒盏满筵开；

手把银瓶斟老酒，

千盏万盏劝客饮，

饮得主人酒，

意得客人来。

为了便于传唱，我进行了改编，现在的新歌词是：

百鸟朝凤彩云开，

远方客人到瑶寨；

贵客到瑶寨，

酒盏满席开；

手捧银瓶斟美酒，

千言万语在酒中，

饮了瑶家酒，

万客常往来。

瑶山的自然环境很恶劣，经常出现天旱灾难。如《天大旱》是这样唱的：

寅卯二年天大旱，深山竹林尽焦枯。

到处深潭无水路，到处深潭无细鱼；

寅卯二年天大旱，深山竹林尽焦枯。

到处深潭无水路，到处坪田空得无；

寅卯二年天大旱，格木树头出火烟。

焦木将来吹出火，水底青苔出火烟；

寅卯二年天大旱，深山竹木尽焦枯。

到处官仓无粒米，到处学堂无卷书；

寅卯二年天大旱，四角龙门出火烟。

四角龙门无水路，旱得黄龙走上天；

寅卯二年天大旱，万物焦枯无处寻，

万物死了无根本，惊动天下万由人①。

瑶族过去是自己种麻、自己织布、自己缝衣服的。《盘王大歌》中也有很多相关的记载，如《盘王出世》是这样唱的：

起计盘王先起计，初发苎麻叶带花。

苎麻细小不成苎，焦麻绩丝便成花。

着苎盘王先着苎，着罗唐王先着罗。

盘王着苎苎也好，唐王着罗更聪明。

瑶族人民对鲁班有着深厚的感情，《盘王大歌》里有许多关于鲁班的英雄事迹。《鲁班歌》中唱道：

鲁班出在静江府，教得广西个个精。

木匠若无鲁班教，屋头屋尾一般平。

铁匠若无鲁班教，打得锅鼎像米升。

银匠若无鲁班教，龙凤金钗打不成。

裁缝若无鲁班教，一条衫衿也难成。

泥匠若无鲁班教，屋檐屋顶一般平。

千般都是鲁班教，若无鲁班都不成。

《盘王大歌》的《造寺》开头就是这样唱的：

造寺鲁班会造寺，又请匠家有七人；

莫怪歌词相说报，当初工匠十三人。

造寺鲁班会造寺，又请匠家有七人；

莫怪歌词相说报，当初请匠十三人。

造寺鲁班会造寺，鲁班造寺匠家量；

七个金鸡八个薮②，一条留柱到栋梁。

造寺鲁班会造寺，又请匠家凿子声；

匠家凿子纷纷转，中心穿斗转兴兴。

造寺鲁班会造寺，出世僧家会念经；

---

① 万由人：无数的人。

② 薮：指房子飞檐结构七个金瓜八个兜。

　　僧家念经随佛转，小僧在后转游游。

　　造寺鲁班会造寺，鲁班造了起层层；

　　莫怪歌词相说报，琉璃瓦屋十三双。

　　造寺鲁班会造寺，鲁班造了起门楼；

　　瓦匠批过是龙迹，石灰批过是龙门。

　　造寺鲁班会造寺，鲁班造了起门楣；

　　瓦匠批过是龙迹，石灰批过像龙衣。

　　造寺鲁班会造寺，鲁班造了匠家良；

　　楼上又雕古木字，壁上细书字字清。

　　……

　　瑶族人认为：百善孝为先。《盘王大歌》中《第一洪水沙曲》中就这样唱道：

　　廿四后生会思量，入山砍竹养爷娘。

　　养得爷娘老，老了白头颈凉凉。

　　大哥教兄兄教嫂，大家孝顺养爷娘。

　　养得爷娘老，老了礼拜敬烧香。

　　这是告诉我们，瑶民成年之后就要做工来赡养老人，直到老人头发花白。兄弟、姆娌之间相互学习，让老人可以寿终正寝。等老人百年归土之后，每年还要上香祭拜。

　　《盘王大歌》也不完全只记录瑶族的故事传说，也有记录汉族的内容。如《梁山伯与祝英台》是汉族的，在《盘王大歌》里也有记载：

　　廿四官州多有才，文章细小祝英台。

　　娘今便是流落子，但说龙言金句开。

　　……

　　风过树头梁山伯，船行水面祝英台。

　　读书三年共学院，不识英台是女娘。

　　……

　　山伯无计吞药死，葬在大州大路边。

　　英台出嫁大路上，山伯摄入里头眠。

生时同凳死共眠，死入扬州共合眠。

生时两两共把伞，死时两两共合来。

生时不念死时念，死入黄泉正来连。

……

瑶族敬畏鬼神，崇拜祖先，相信祖先、鬼神能够保佑我们。因此，在遭受各种不幸的时候，瑶族人要举行祭盘王的仪式，唱《盘王大歌》。《洪水尽》中就是这样唱的：

洪水尽，七朝七夜湿天门。

仙人解衫来试水，减得一分心便宽；

……

洪水尽，仙人把棍去巡天。

仙人巡天到别国，得见乌龟格路眠；

洪水尽，仙人把棍去巡天。

仙人巡天到别国，乌龟开口说无人。

洪水尽，仙人把棍去巡天。

仙人巡天到别国，不行三步正逢人。

脱颖而出走出大瑶山

我 7 岁开始在樟木口上小学，8 岁开始学唱瑶歌。到 10 多岁时，我就在九村十八寨小有名气。12 岁，我便跟着大人们参加瑶族"坐歌堂"对歌。

我从 13 岁开始在家里帮忙做家务事，因为父亲一直有胃病，而爷爷当时已经有 70 多岁了，两个弟弟又都还小。从 14 岁开始我就出集体工，跟姐姐、妈妈三个人一起参加劳动。那时候，我小学刚毕业，算二等劳动力，记 8 分，姐姐大我 3 岁，算一等劳动力，记 9 分。我在生产队做事很努力，还当过记工员呢。本来是很想读书的，由于家境困难，父亲身体不好，我和姐姐就不得不早早辍学，帮家里干一些农活，打猪草。

　　1964 年下半年的一天，突然有一位说瑶话的郑干部来到我们家，说是要选一个瑶族女孩到北京去唱瑶歌。后来才知道这位郑干部就是我们当地有名的瑶学专家郑德宏，他当时很年轻，才 30 多岁。他到公社的时候，正好赶上地方支部书记会议，有一个支部书记就推荐了我，他便找到我家，跟我爸爸妈妈讲起这件事。但是，当时家里的劳动力少，只有我和姐姐是稳定的劳力，我的母亲要做家务事还要带两个小弟弟，所以一开始父亲不太愿意让我去北京。

　　郑干部在我家住了一个晚上，跟我父母耐心地做思想工作，第二天，我父亲终于同意让我去县城参加唱瑶歌的选拔。吃了早饭，我和郑干部出发往县城赶。那时候没有公路，没有汽车，都是山路，全靠两条腿走路。我们上午九十点钟出发，从我家翻山越岭走到湘江公社已经是中午了。在公社简单吃了个中饭后，我们再继续往县城赶，赶到时天已经黑了。我们被安排住在县委招待所，当时老县城是在水口镇，不是现在的沱江镇。

　　因为名额有限，需要参加选拔。到了招待所后，才发现来参加选拔的人有很多，有十七八个，我是最小的，大家都住在县委招待所。郑干部召集我们在县委开圆桌会，让我们都唱一唱，看看谁唱得更好。

　　因为从小跟着爷爷学了很多不同唱腔，所以我觉得自己是很有优势的。果然，其他小女孩唱得都很简单。我唱的时候特意唱了个和别人不一样的纳法调。这次选拔是副县长、县群艺馆的老师，还有郑干部一起组织的，在我们都唱完了后，文化馆的老师还教了我们跳伞舞。第二天早上吃早饭的时候，我刚从招待所里往食堂走，郑干部跑过来高兴地跟我说，县里决定选我去北京唱瑶歌，我还要留在县里继续参加培训。这样，其他没选上的小女孩就陆陆续续地回去了，我留在县城参加集训。

　　在培训期间，县里请了"瑶族歌王"盘财佑教我用原生态的唱法唱一首新写的歌《站在瑶山望北京》。我学会之后，把家里学到的唱法和盘老师教我的方法进行结合，形成了我自己的唱法。后来县里还请了"瑶族歌仙"赵荣谦来培训我，那位歌仙的唱法又和我们的唱法有很多不同，学起来也更加吃力，不过那是真真正正的原生态。

我们在县城培训了一个星期左右，又到长沙集中排练了一个多月，湖南省代表队一起有 30 多个人，排了 9 个节目。大部分都是湘西的少数民族，如土家族、苗族、侗族。湖南瑶族有 3 个节目，分别是第一个节目瑶歌齐唱、独唱，一共有 3 首歌，我清唱的《站在瑶山望北京》就在里面；第二个节目是舞蹈《汽车开到荆竹寨》；第三个节目是茶山号子《翻身不忘党的恩》。舞蹈我也跟着参加了。《站在瑶山望北京》的歌词内容是"站在瑶山望北京，瑶歌唱给主席听，山高路远难听见，千里相隔心连心"，表达瑶族人民对毛主席无比感激和崇敬之情。

瑶歌唱给毛主席听，是我一生的荣耀

1964 年初冬，全国首届少数民族业余艺术观摩演出会在北京举行。这是文化部和民族事务委员会联合主办的，各省都非常重视。我跟着湖南省代表队一起进京。这是我第一次出这么远的门，也是第一次到北京。当时我才 14 岁，都说初生牛犊不怕虎，虽然以前从没走出过大山，但是我不怕，内心充满了好奇和激动。

到了北京以后，全国 18 个代表队都在各个小剧场汇报演出，每两个代表队演出一场节目，然后选一台优秀节目在人民大会堂汇报演出。

幸运的是，我们湖南省选送的零陵地区①的两个节目都被选中了，就是我唱的瑶族歌曲《站在瑶山望北京》和瑶族舞蹈《汽车开到荆竹寨》。最开始谁都不知道哪些党和国家领导人会来看演出，那些没有被选上的人在台下看节目，我们在后台准备着上场。

开幕以后，我偷偷躲在幕布后面想看看有哪些领导人，结果一看就看到毛主席了，哎呀，是毛主席啊，我差点就喊出声了。那时候我真的十分开心、兴奋啊！毛主席啊，大家都天天念叨毛主席，但是能见到毛主席的又有多少人呢！我一个瑶山的小姑娘，竟然这么近距离看见了毛

---

① 零陵地区：现在的永州市。1995 年 11 月，国务院批准撤销零陵地区设立地级永州市。

主席，内心别说有多么激动和兴奋了！

到了表演节目时，我表演得十分投入，也取得了圆满成功，得到了毛主席和其他领导的肯定。

演出结束以后，会务组还安排我们在北京到处旅游，颐和园、长城，我都去过。有一天吃中饭的时候，领队老师说有国家领导人来接见我们，我们都激动得睡不着午觉。下午三点多，我们就到人民大会堂排队等候国家领导人接见。没有一会儿，毛主席就一边招手一边向我们走来，哎呀，那是真的激动呀！我不仅从幕布后面近距离地看到了毛主席，今天还跟毛主席亲切地见面了，握手了，照相了。我们大家都激动万分，一起喊"毛主席万岁！"，欢呼声在人民大会堂久久回响。

我们在北京前前后后待了一个月，那真的是我人生中最美好的一段经历。

有幸成为瑶文化传承的突出贡献者

我离家时是农历八月，回到家已经是农历十一月了，离家 3 个月。回家以后，我又重新在家里干起了农活。我出去的几个月，家里只有姐姐和妈妈是主要劳动力了，她们很辛苦。1965 年 9 月，县民族歌舞团招工，我去报名了。这一次父母没有阻拦我，这时姐姐结婚了，招了女婿上门，家里有了劳动力。

1965 年 11 月，我刚到歌舞团工作的时候，就碰到江华瑶族自治县第一个十年县庆。我们在老县城，也就是水口镇坐歌堂，那天晚上点了好大的篝火，各地的记者赶来报道，领导都来参加。在这之后，每隔 10 周年的县庆我都参加了。哪家嫁婆，或是赶场、赶圩，以及村子里的大型活动，也都会邀请我去唱瑶歌。

此后，我在县文化馆、图书馆工作过。因工作很认真，担任过图书馆馆长、支部书记等职务，多次被评为先进个人、先进文化工作者、优秀党员、优秀党支部书记，获得过很多国家级和省级荣誉。

我在湖南省举办的两届艺术节中编排和领唱《盘王大歌》节目，获得金奖和银奖；还在湖南省举办的大型群众会演中编排和领唱《盘王大歌》节目获得金奖。

2014年，在湖南省第四届大学生艺术展演大赛中，我教唱和编排的《盘王大歌》节目获得一等奖，我还被湖南省教育厅评为"优秀教师"，被江华瑶族自治县人民政府授予"瑶族歌娘"和"瑶文化传承突出贡献者"称号。

2015年，我与湖南科技学院音乐与舞蹈学院联合指导的《盘王大歌》获得了全国第四届大学生艺术展演活动艺术表演节目一等奖，节目在中央电视台4套播出，影响很大。

⬆图1-3 赵庚妹参与指导的瑶族舞蹈《盘王大歌》

（湖南科技学院音乐与舞蹈学院 提供）

十年浩劫，宝贵遗产惨遭遗失

"文革"十年对我的家庭伤害很大。因为"文革"要破除"四旧"，要破除一切封建的东西，而我家里又是"法师世家"，成为重点要破除的对象。1966 年 5 月开始对封建迷信进行大肆批斗和揭露，6 月份我爷爷和父亲被划作"迷信职业者"。

1967 年，红卫兵开始抄家了。爷爷是 1969 年去世的，父亲身体不好，他也害怕连累家人，连累我的工作，他就主动让我弟弟把法器、服装、牛角还有挂像都送到公社去了，想以此求得我们全家的平安。也许是我父亲主动把东西都上交了，所以我父亲没有怎么挨批斗，我们家没有被抄家，祖传《盘王大歌》手抄本总算是保住了。现在我手里有 3 本《盘王大歌》手抄本，最早的一本手抄于清嘉庆年间，距今已有 200 多年，这也是目前能见到的最早的瑶族《盘王大歌》手抄本。还有一本手抄于清光绪年间，一本手抄于清宣统年间，每本字数都在 6000 字以上。这么算来，《盘王大歌》到我这代已经传了十一代。手抄本在我老家旧木屋珍藏多年，是从老家搬迁至县城时被发现的。

非常遗憾的是，那些做法事的道具，我费了很多时间，都找不到了。不知道是一把火烧了还是被人藏了起来，但是其他地区法师的东西还保存下来一些，现在又都可以正大光明地"还盘王愿"了。我爷爷和父亲留下来的那些东西啊，是文化遗产呀，是我们瑶族文化的经典，太可惜了，太宝贵了，是花多少钱都买不回来的，按照现在的话来说，那都是古董了。只可惜，再也找不回来了！这是我一生最大的遗憾，也是瑶族传统文化的惨重损失。

生活方式的变化带来传承危机

随着社会的发展，人们的生活方式也发生了很大变化，现在会说瑶语的年轻人越来越少，唱瑶歌的更少了。我们水口新镇有个瑶族小学，现在我退休了，很希望去给那里的学生上课。前年从江华大瑶山搬迁来很多瑶民，移民点里面有医院、学校，生活很方便。暑期，我到移民点教孩子们唱瑶歌，课间发现 60 个瑶族孩子，会说瑶语的仅仅 1 人。从现状来看，20 年之后能说瑶语的都没有了。我们现在很多人说的瑶话不地道，掺杂了部分官话，生活中也用得少。

近年来，我前后花费几年时间，对《盘王大歌》的唱腔、唱词进行搜集、整理，目前已基本定稿。

不懂瑶语的人，难以准确理解《盘王大歌》中一些段落句子的意义。我是很熟悉的，不但会唱还会念。我看过一个外地版本的手抄本《盘王大歌》，里面有一句，"能龟能海又能龙"，实际上是"像龟像海又像龙"，因为瑶语中"像"的读音接近汉语"能"，不懂瑶语，那你是不懂它的意思的。我现在整理的时候，就把它改过来了。

"还盘王愿"的仪式需要法师，可是本地的法师已经很少了。我们现在做大型活动，还要从新田、宁远、郴州等地方请法师来帮忙，如蓝山法师赵金付、赵金仔、盘宝古、盘旺古等。

"还盘王愿"一般是在冬天举办，盘王生日或其他日子，要看日子的。冬天是农闲时节，粮食也收割了。人们为了祭祀始祖盘王，祈求祖先庇护、五谷丰登，便会举办"还盘王愿"。

"还盘王愿"仪式现在也有少数的家庭举办，但一般来说，家里顺利，就不需要做。再有就是，"还盘王愿"也是很费钱的，办一场要好几万，一般家庭也承受不起。因此，《盘王大歌》的传承也越来越少。

有一次，宁远有户人家请法师在家里做"还盘王愿"法事，六天六夜。我问了下，总共的费用四五万元，包括做饭菜的、帮工的、法师、鼓手开支，这在农村来讲是一笔大开支。五六桌人吃六天，吃的还主要是荤菜，最差也要吃豆腐，小菜是很少的。主要是因为家里人生重病、发生交通事故等，希望通过做法事求得盘王、神灵保佑，改变家庭运气，得到五谷丰登、六畜兴旺、子孙满堂。家庭顺利的时候就没必要做，一般不要惊动神灵。我觉得这种法事更多的是一种心理安慰，不能夸大其作用，免得掀起一股攀比之风，免得有人去借钱操办。

我弟弟家以前也办过一次"冷道场"，这是根据民间习俗做的。因为我爷爷、父亲和母亲在"文革"期间不幸过世了，当时没有举办任何仪式，很简单地就埋葬了。改革开放后，国家政策放开，当时我爷爷的两

↑图 1-4　赵庚妹接受访谈（谭世平　摄）

个徒弟盘财佑、赵才德还在世，都是大法师，度了戒的。他们就为我们家三位老人，做了三天三夜还愿道场。由于我丈夫极力反对我回去，说那是封建迷信。我没有回去，弟弟因此很生气，责怪我。现场情况如何，我没有亲眼看到。做了这场"还盘王愿"仪式后，弟弟说家里显得平安顺利。或许，更重要的意义是，我弟弟对三个老人孤独离世的愧疚，通过这场仪式得以释怀。

传承《盘王大歌》是我毕生的使命

改革开放以后，国家对传统文化越发重视，陆陆续续地有好多学者和研究人员来到我们这里采风。我也有幸成为《盘王大歌》的国家级非物质文化遗产传承人，传承《盘王大歌》成为我毕生的使命。

1984 年，我们县里的瑶学专家郑德宏先生出版了《盘王大歌》歌本，是由岳麓书社出版的。本来是 20 世纪 60 年代由县民委组织整理的项目，初稿都已经敲定，就差校对就可以出版了，却遇上"文革"，被迫中止了。"文革"结束以后，才又聚集这些学者继续搞研究，最终在 1984 年该书出版。随着国家对民族文化的保护越来越深入，研究《盘王大歌》的学者也越来越多，举办的民族文化节也越来越多，所以影响就慢慢地大起来了。

2005 年 8 月，我从江华瑶族自治县图书馆党支部书记岗位退休后，仍致力于弘扬瑶族文化，传承瑶族歌谣。我被邀请到各地讲课，参加江华瑶族自治县的文化保护活动，也到外地参加与瑶族相关的会议。退休后，我比过去更忙了，到处表演、传唱《盘王大歌》，扩大瑶族文化的影响。

2008 年，湖南省要举办第六届艺术节，县文化馆馆长给我看了通知，原来计划唱几首瑶歌，我觉得不妥，没特色。后来县里决定让我负责我们县艺术节的节目，我在各个单位里选了十多个会说瑶语的人，教他们唱各个唱腔，一开始大家都感觉很稀奇，因为从来没有人把坐歌堂的歌搬到舞台上。我们一群人利用晚上的时间集中排练，因为大家白天还有工作，只能利用业余时间。搞了一个多月，一共教了 5 首歌，其中有一段是法师的唱腔，有些人就觉得这是请神的不能拿来舞台表演，也有人觉得自己的嗓音不行，个别的就退出了。

但是我觉得啊，是请神的唱腔也没有关系，让盘王看看现在的瑶民多么幸福，国家多么强大。最后我们的节目在省里大放异彩。评委很激动地对我说："哎呀！你这个真的是最原生态的啊，是'天籁之音'，如果再稍微雕琢一下就更好啊！"虽然最后只获得了银奖，但我觉得这就是对我们最好的认可。

我是 2008 年被评为省级非遗传承人的。当时，为了申请非遗项目，县里到郴州市请了 3 个大法师，在盘王殿做了三天三夜"还盘王愿"仪式，县文化馆把整个过程全部录下来。我当时就是作为"歌妈"唱的《盘王大歌》。

后来，我全身心地投入《盘王大歌》的传承与传播工作，多次外出表演、讲学，扩大了《盘王大歌》的知名度。2012 年我到北京参加少数民族非物质文化遗产项目调研，并在天桥剧场表演。2013 年 9 月，我演唱的原生态瑶歌《盘王大歌》参加湖南省"欢乐潇湘"活动，并获得一等奖。2014 年，《盘王大歌》成为国家级非物质文化遗产项目。2018 年我被授予《盘王大歌》国家级传承人。

我通过编排节目、表演节目、培训学生、参加学术论坛等方式积极传承瑶族文化，苦中有乐，得到同行认可。我能熟练地讲述、吟唱《盘王大歌》手抄本中的全部唱段，能用七任曲、讲歌调、啦哗调、长声牌、短声牌、勒却等 20 多种曲调熟练演唱《盘王大歌》中的所有内容。我开展瑶歌传播传承活动 50 载，已经培育学生 1000 多人。我还主持瑶族"坐歌堂"和全县的赛歌会 30 余次，举办瑶歌培训班 50 多期，在第八届瑶族盘王节中指导演唱《盘王大歌》。我在江华民族艺校、江华民族歌舞剧团、湘江乡桐冲口村《盘王大歌》传承基地担任瑶歌传唱教师，在湖南科技学院担任瑶歌客座教授，积极传承瑶族音乐。

2017 年 12 月 8 日至 9 日，我参加北京瑶族盘王节暨首届瑶族优秀传统文化传习大会，并做"国家级非遗《盘王大歌》与瑶族传统民歌音乐"学术讲座。2020 年 12 月，广东连南瑶族自治县举办《盘王大歌》民族音乐座谈会，在座谈会上我率领 3 名弟子现场演唱了《盘王大歌》中的部分曲目。

2021 年 12 月，经过现场展演和评委评审，我参演的戏剧《瑶歌不老唱千年》节目荣获第七届湖南艺术节群众文化舞台艺术终评金奖。作品主要讲述了年轻人如何对待传统文化的故事，大山里瑶族"歌妈"的孙女瑶瑶大学毕业后，向往外面的世界，不愿意学唱瑶歌，认为学唱瑶歌解决不了实际问题，没有发展前途。后通过乡文化站田站长的教育开导，在不断地矛盾冲突中，瑶瑶终于转变观念，改变了看法，决心接过阿婆的传承棒，让瑶歌生生不息，传唱千年。

我经常在江华、永州、郴州、长沙、北京等地参加《盘王大歌》展演展示传播活动。可以说，我一直在进行《盘王大歌》的培训，经我培训的学生、弟子遍布各行业、各单位。如赵湘莲、冯梅香、盘琴、赵世宜、盘秋玲等 18 人能熟练演唱《盘王大歌》的唱段，这些都是很不错的

⊕图 1-5　赵庚妹在教徒弟练习《盘王大歌》（龙运荣　摄）

徒弟。盘琴是我爷爷的徒弟、"瑶族歌王"盘财佑的外孙女，她的瑶歌也唱得很好。武汉音乐学院刘健教授制作的瑶族民歌光碟《盘王之女》就是由盘琴用瑶语唱的，还获得亚太广播联盟金奖。

去年年底，为国家级非遗代表性传承人拍纪录片拍了一个星期，要求高，天气又冷，我被累得够呛。原来拍片的时候有人不配合。这次拍之前，我们这些传承人还集中在长沙开了会，讲清楚这个纪录片的重要性。1 月 18 日开机，摄制组到家里、桐冲口都去拍了，采访了八场，问了很多问题，还采访了我的弟弟、孙子、徒弟。我还上了三堂课，包括初级、中级和高级课，主要内容是讲《盘王大歌》的唱法。把《盘王大歌》项目从头到尾记录下来，采访的内容涉及《盘王大歌》产生的历史条件、主要内容，我学《盘王大歌》的经历，怎么教徒弟，瑶语怎么读，汉语怎么读。按照省里的意思，这些片子今后永久保存，供人学习，别人可以从中学到百分之八十。

花瑶鸣哇山歌

美丽瑶山的"歌师傅"：戴碧生

访谈时间：2021 年 1 月 28 日

访谈地点：隆回县虎形山乡草原村戴碧生家

访谈对象：戴碧生

访 谈 者：魏建中　文桂芳　姜莉芳

访谈手记：花瑶呜哇山歌国家级代表性传承人戴碧生住在隆回县虎形山乡草原村的瑶山深处。我们采访组一行三人从怀化出发来到隆回县城，在隆回县城住了一晚。第二天上午八点多坐上县非遗保护中心廖主任安排的车，从县城出发经过两个小时来到金石桥镇，开始爬山。一路上山路崎岖陡峭，蜿蜒曲折，历经一个半小时，我们到达虎形山乡草原村。草原村位于海拔1300 多米的高山之上，与邻近村落断崖落差千余米，常年云雾缭绕，有"云端上的山村"之说，为呜哇山歌发祥地，故而又有"云端上的呜哇山村"之名。戴老师的家在路边，屋前是一片稻田。戴老师看到我们，高兴地挥手，把我们迎进屋里，倒茶端水。他向我们讲述了自己小时候学呜哇山歌、长大后和师傅在外地表演的精彩故事和自己的人生经历。

戴碧生，男，瑶族，1949 年 12 月 16 日出生，湖南省隆回县虎形山瑶族乡草原村人，国家级非物质文化遗产代表性项目瑶族民歌（花瑶呜哇山歌）国家级代表性传承人。起初他在本地唱山歌为村民干活加油鼓劲，后因名气渐大，和师傅陈世达多次赴怀化、吉首、张家界等地演出，获过不少奖励。2007 年 6 月，被授予"隆回县非物质文化遗产杰出继承人"称号。近十年来，戴碧生响应政府号召，重视传承人培养，在附近学校授课。从 2007 年开始带徒传艺，经他培训的学生、弟子遍布各行业，学得比较好的有戴隆修、谭孝前、陈和英、戴隆威等人，侄儿子戴龙修经常一起出去表演。戴碧生通过带徒弟、参加各种表演，为花瑶呜哇山歌文化的发扬光大做出了很大贡献。

⊙图 2-1　在家中接受访谈的戴碧生
（魏建中　摄）

项目简介

　　花瑶呜哇山歌属"高腔山歌"，是历经千年流传下来的一门古老民间音乐，是当地花瑶文化与汉文化相融合的产物。花瑶呜哇山歌主要流传于隆回县虎形山瑶族乡。它取材于生产、生活及民间传说，大致分为四类，即历史歌、风俗劝勉歌、生产劳动歌和情歌。2007 年，花瑶呜哇山歌被列入国家级非物质文化遗产名录。呜哇山歌最初何时形成，目前不清楚，大概起源于生活号子，除了劳动时唱，人们在狩猎时也唱。一人敲锣击鼓领唱，几十人"呜哇呜哇"用吼声相和，以围剿猛兽。据《开梅山歌》记载："穿堂之鼓堂壁悬，两头击鼓歌声传。"这是花瑶山歌配锣鼓的特殊演唱形式，流传至今。花瑶呜哇山歌在音律上音调高扬，声音绵长，力求传得遥远听得清晰。歌词结构复杂，一般为四句体、六句体和多偶句体，七言、九言或十一言为一句，歌词讲究节奏和押韵，共24 个韵脚。歌词的内容可以随场景和思维形式的变化而变化，是一种自由抒发的劳动号子。唱呜哇山歌大多在乡间野外，不受劳作时间限制。

有独唱、对唱、多声合唱等多种形式，常用大锣大鼓来伴奏，歌声高亢激昂，穿云透雾。群体演唱居多，唱时需要互相配合。①

出生寒门

我叫戴碧生，1949 年 12 月出生，小学文化，务农。我们瑶区山多田少，经济落后，粮食作物以玉米、红薯为主，大家的生活都比较困难。我父亲是个老实人，靠种庄稼艰难度日。我居住的虎形山草原村历来比较闭塞，1949 年前山中时常出现猛兽，很多村民都会随身带着装锣鼓的布包，经过人烟稀少的山林，或者独行时就打起锣鼓唱呜哇山歌，一来可以壮胆，二来可以驱赶野兽。我小时候的家庭成员有九个，我排行老二，当时家庭经济比较困难。我家里老三是老师，其余兄妹务农。我结婚后组建了新家庭，家庭成员有五个，两个女儿和一个儿子。妻子务农，儿子在外打工，女儿都嫁得近，都会唱呜哇山歌。

我 6 岁开始读书。小时候帮家里放牛，长大一些后帮生产队放牛。回忆起看牛的情景，比较开心，那时村里的小孩都帮着放牛。我们放牛是很好玩的，大家经常打打扑克，有时候唱呜哇山歌，中午吃家里大人给我们带的食物，这些食物用竹筒装着。我个子长高长大点以后，在双抢季节又帮着大人踩田，农历六月的天气很热，一般要等太阳下山了才去赶牛踩田，当我们踩好一块田后，队里就安排一些男社员踏田，然后妇女们再来插秧。总而言之，农村里的六月双抢，大家都很忙，非常辛苦。后来在生产队做工，劳动时唱呜哇山歌给大家鼓劲可以算工分，村民们还可以换工做事，互相帮助。我们生活的这个地方远离大城市，环境非常好，山清水秀、植被完好，具有得天独厚的条件。绿树环抱，古树参天，有如仙境，这些自然景物在我们祖先的深层意识中产生了深远

① 彭贞贞. 花瑶 "呜哇山歌" 的起源与音乐特征分析 [J]. 黄河之声，2018（18）：10-11.

的影响，以至于他们心灵深处有一种对天地自然的虔诚信仰，他们在与自然互动的过程中创造了精彩绝伦的呜哇山歌文化，一直传承至今。

精进学艺

学习呜哇山歌要经历好几个阶段。首先，要过心理关，要去掉一个"丑"字，树立一个"敢"字，要大胆唱，不能怕丢人。其次，要长期练习，熟练掌握各种山歌唱法。多久学会一首呜哇山歌没有具体的时间，这些山歌大多没有固定曲调只有词，需要有领悟能力。最后，要能融会贯通歌词，除了继承，也要创新，能编新的歌词。

我11岁开始学唱呜哇山歌，至今已有60年，会唱山歌1000余首。我从小随父亲学唱歌，后来师从民间歌手陈世达学唱花瑶呜哇山歌，陈师傅是我的亲戚。当时呜哇山歌很受大家欢迎，原因是当时没电视，大家都喜欢听山歌。在生产队做工时唱歌算工分，大家互相帮助。我学习唱歌的方式，开始是耳濡目染，后来是比较系统地学习与练习。我的父亲和师傅都是通过口传心授教我。我学习时起先很害羞，父亲和师傅都鼓励我要舍得放下面子。我跟师傅学呜哇山歌时，每天都要去山上练歌，早上是天蒙蒙亮上山，晚上是提着火把上山，有时候喉咙都唱出了血还不停止。我对呜哇山歌感兴趣的原因，主要是当时父亲唱呜哇山歌的时候很热闹，围观的人很多，大家都用崇拜的眼神看着他。

我记得我学会的第一首歌是《打起来，唱起来》，内容是："打起来，唱起来，唱得青山翠鸟飞起来——呜哇呜哇——唱得青山树木颠倒长，唱得河里石头浮起来，少年乖，唱得你妹变心把公痒起来——呜哇呜哇——"这首歌我经常听父亲和其他人唱，慢慢就学会了。我经常喜欢唱的还有一首歌是《100只蜜蜂》："100只蜜蜂飞过街，丢了99只没回来呜哇呜哇，还剩下一只长毛蜜蜂回来报个信，一直飞到广东广西湖南湖北益阳汉口北京城内城外宝塔尖子上面脑壳溜起眼睛鼓起翅膀甩起爪子张起稀哩啪啦稀哩啪啦把信回，呜哇呜哇——"最后一句很难唱，需要一气呵成，这需要很多年的功力。

在学习过程中有一些至今记忆深刻的故事，印象最深的是清晨四五点钟就要跟着师傅到山上去练声。我们会选择离村子比较远的高山，山上空气新鲜，当然，也怕练习打"哦嗬"时会吵着人家。我师傅陈世达水平很高，最善于飙高音，甩腔高亢激昂。他多次在全国、全省比赛中获奖，生前被誉为"瑶山歌王"。他演唱时都要敲锣打鼓，很有派头，这是最正宗最原生态的唱法。他正式唱歌时，在自己胸前挂上一面大鼓，腰上吊只铜锣，气定神闲地站在高高的山冈上，用力挥动鼓槌，好像流星般，胸腔里自然地迸出穿云裂石的鸣哇歌声，催赶着劳动的人们撸起袖子加油干。劳作的村民们就在我师傅这血脉偾张的歌声中，伐木造屋，开山凿土。

回忆起我师傅，有很多故事，三天三夜也说不完。我们没有很正式的拜师仪式，大家都是自家人，比较熟悉。师傅带了 20 多个徒弟，基本上是自家人。因为鸣哇山歌唱腔很特殊，唱词基本是本地方言，外人来学有很大难度。现在经常唱的有陈世凡和陈治安，陈世凡是我师傅的弟弟，现为县级非遗传承人，他很用心地整理鸣哇山歌的资料，手上有好几本歌谱。陈治安是我师傅的小儿子，他目前是市级传承人，除了有天赋，学习也很刻苦，很有前途，他喊我姑父。目前，我们几个人经常在一起表演节目。我们鸣哇山歌的传承谱系目前有记载的是：

杨吉光：晚清时人。

张老三：晚清时人。

谭忠树：晚清时人。

吴音台：1924 年生。

戴折清：1926 年生。

陈世达：1940 年 3 月生。

戴碧生：1949 年 12 月生。

蒋兴龙：1938 年 3 月生。

陈世凡：1948 年 12 月生。

奉族总：1970 年 10 月生。

呜哇山歌是我们的劳动号子

呜哇山歌产生于劳动人民中间，是劳动人民的劳动号子。我们的祖先在山上砍柴、狩猎、伐木、采草药或者田间劳动的时候，面对蓝天厚土，有感而发。或为了寻觅同伴，或为了驱赶野兽强盗，或为消除疲劳，对歌打趣，或诉幽怨，或泄愤懑，或表达男女爱慕之情。由于各种各样的原因，我们将内心的激情用喊和唱的形式表达出来。为什么呜哇山歌流行在我们虎形山这一带地方？主要是我们这个地方是封闭的大山，很偏远，自古以来和外界很少联系，这里的自然风光具有原始古朴的特点，这些特殊的环境给了祖先们无限的激情和美妙的灵感。所以说，我们的呜哇山歌是老祖宗在长期的生活生产劳动过程中为适应其所处的独特的自然环境而慢慢形成的，对于这份独特而又珍贵的遗产，我们这代人应该认真挖掘和总结，在这个基础上取其精华，为现代社会的人们服务。

呜哇山歌最初什么时候形成，我的师傅也不知道。听一些研究呜哇山歌的专家讲，呜哇山歌起源于祖先的生活号子。呜哇山歌在古代一般是代代口传心授，很少有文字记录，所以具体的发展演变不是很清楚。

花瑶呜哇山歌至今还流传着几千首，内容丰富，涉及的题材十分广泛，歌词带有即兴性，我们这边的瑶语称"见子打子"（见啥说啥）。呜哇山歌最大的特色、特征是什么呢？一般外面的音乐专业的专家们认为，呜哇山歌属"高腔山歌"，多为成年男子用真假声结合演唱。我们不怎么懂理论，只是通过反复练习，唱出自己的特色。过去常用瑶语和汉语演唱，现代社会中我们用汉语演唱的歌曲比较多。我们的山歌祖祖辈辈传下来，什么内容都有。音乐专家研究发现，我们的呜哇山歌里，有乖字韵、听字韵、家字韵等11个韵脚，这些韵脚表达的内容不一样，但表达的感情很浓郁。比如，"乖字韵：清早起来赶路来，大路赶着小路来。呜哇——大路赶到歌师傅，小路赶到歌秀才。呜哇——"是表达快乐的心情；"油字韵：路幽幽，郎有妻子妹有夫。呜哇——地上跑，郎是天鹅白云游。呜哇——"是表达期待的心态。

在我们这里，唱呜哇山歌是一种深入人心的精神文化，这种文化蕴含着快乐理念和劳动模式。现代人忙于赚钱，忽略了传统文化。我们需要好好反思自己与自然万物之间的关系，重新与自然界建构一种和谐共处的关系。我唱了很多年的歌，一直坚持传承我们的文化。现今我的生活状况一般，年纪大了，经济收入不稳定。我的业余爱好有几个，最喜欢拉二胡，是多年前听大队师傅拉慢慢学会的。我私下会唱呜哇山歌，没事哼一哼。平时客人来了，我们唱呜哇山歌不收费。有时候，我会参加旅游公司的一些演出，参加演出时，一般200元一天。家人很支持我唱呜哇山歌。我们这里擅长唱呜哇山歌的老艺人还有三四个，平时偶尔私下聚会、探讨。一般有领导或游客来，我们大家聚在一起唱呜哇山歌。

千锤百炼成为瑶山的"歌师傅"

呜哇山歌歌词的内容可以根据场景和思维形式的变化而变化，我们唱呜哇山歌大多在乡间野外，不受劳作时间限制，比较随意。我们演唱时，经常用大锣大鼓来伴奏，歌声高亢激昂，效果震撼，有点穿云透雾的感觉。一般情况下，群体演唱居多，唱时需要几个人互相配合。其中最高音往往是衬词"呜哇呜哇——"，常出现在第二句后（加腔）和歌词的最末尾（绞腔），这个最难唱。我们这里比较经典的呜哇山歌有《打起来，唱起来》和《100只蜜蜂》。

这两首曲目在我们这里是很流行的，尤其这首《100只蜜蜂》是我们"歌师傅"用来练嗓子的，谁能把最后一句唱齐，能一口气唱下来脸不红气不喘就算出师了，就可以当正式的"歌师傅"了。我年轻的时候反复练习这首歌，后面能做到很熟练地一口气唱完，上台表演时得心应手，慢慢地和我的师傅一样，成为远近知名的"歌师傅"。我在师傅的指导下，利用一切时间来学习揣摩，不久就掌握了大量的呜哇山歌，开始唱得有模有样。我不断练习，精进不止。其实原汁原味的呜哇山歌一般只有4至5句长，其中要打①两次"呜哇"。呜哇山歌如果太短了听着不过瘾，我在师傅的指导下，就会尝试创新，把二三首山歌连起来唱，所以参加一些大型的表演时，这样唱效果很好，能得到听众的好评。我们四个人组成了呜哇山歌"歌师傅"表演队，四个人都是自家人，经常参加各种表演。

我们这里瑶语汉语混杂在一起讲，山歌的用词很特别，"呜哇"是其中的搭调，每一首歌都要打两次"呜哇"。我们的曲调节奏很自由，音调比较悠长，唱时可以根据需要伸长或缩短；声音高亢嘹亮，有较长的甩腔，并经常加用"呜哇呜哇"等衬词。在音律艺术上，由于我们这里的花瑶人隐居在深山密林，为求传得遥远听得清晰，一般音调高扬，声音绵长。有很多专业音乐人士关注呜哇山歌，说它是"民歌中的绝唱"。有一位音乐专家评价说，就是世界上著名的男高音歌唱家，也唱不出呜哇山歌中的一些高音来。他们评价这么高，我们是很骄傲的。专家们都认为，看似具有山野味的呜哇山歌，其实蕴含了不少科学的歌唱原理。

在表演与比赛中宣传呜哇山歌

20 世纪 80 年代初，虽然"文革"已经结束了，但还是没人敢在公开场合唱呜哇山歌，大家一般在家里或在没多少人的地方唱唱。到了 80 年代末，唱呜哇山歌的人开始多了起来，但是在我们这个地方还是不怎么盛行。直到 90 年代后，国家政策慢慢开放了，很多传统的东西又恢复了，呜哇山歌才慢慢又兴旺起来。2000 年起，花瑶呜哇山歌引发世人关注，我们几位"歌师傅"应邀四处表演。在县里的一些活动中，呜哇山歌受到大家的欢迎。我为了发展传承我们的花瑶呜哇山歌，积极和外面交流。这几年来，随着呜哇山歌被确定为国家级非物质文化遗产，呜哇山歌走出瑶山去外面表演和比赛的机会也越来越多。我参加过很多比赛，获过很多奖项。2001 年，我入选虎形山瑶族乡民俗表演队。2004 年 8 月，

---

① 打：方言词，意为"加""插入"。

我与师傅陈世达组成花瑶呜哇山歌组合，代表湖南赴山西参加全国第二届南北民歌擂台赛，获得"最佳歌手奖"和"薪传奖"，并被邀请到北京进行表演。2005年12月，我和师傅陈世达组队参加湖南省第二届少数民族文艺调演获得金奖。2007年12月，我们到陕西西安参加了中国原生态民歌大赛，获得"优秀演唱奖"。2010年，我们在澳门永乐大剧院"穿越时空的乐韵——中国少数民族非物质文化遗产精品节目澳门行专场晚会"演出，取得了圆满成功。观众听了呜哇山歌，觉得很震撼。我们还去过台湾，2011年底，在台湾"第二届两岸非物质文化遗产月"活动中，我们表演队在台湾巡演，深受当地民众欢迎。

经过多年的学习，我会唱300多首呜哇山歌，平时在家经常唱唱。有时候我们去附近景区表演节目，有一些酬劳。现在呜哇山歌适用的场合不是很多，主要是游客或领导来我们这里，我们上台表演节目，有时去外地参加比赛。这十几年来，我们的呜哇山歌在内容和形式上有一些创新。2010年湖南省著名词作家金沙响应创新的要求，受邀重新填词创作了《呜哇山歌》。这首歌自从问世，很快成为我国各类声乐大赛和音乐会的热门曲目，受到大家的欢迎，并多次获得作品创作奖。"太阳呜哇呜哇升起，阿妹呜哇呜哇挑花……花瑶人哎唱歌哎，喊呜哇呜哇哎。"金沙是我们隆回人，是在我们呜哇山歌的滋养下开始创作的。他每次回来，都要进山，都会找我师傅和我聊天，听我们一首接一首地唱当地的呜哇山歌，非常开心。为了适应新的时代，县里很重视我们呜哇山歌的创新，组织一些专家创作了《金银花开》《唱出天下第一寨》《三连妹》等节目，在呜哇山歌的题材、作曲、舞蹈编排及演唱技法上进行了很多调整，增强了呜哇山歌在表演中的舞台效果和观赏性。

对呜哇山歌的传承保护，我做了一些力所能及的工作。我通过编排节目、表演节目、培训学生、整理相关资料等方式积极传承瑶族文化，苦中有乐，得到我们同行的认可。20世纪90年代我每周都去镇上学校上两节呜哇山歌课，指导年轻人参加各种山歌比赛。遗憾的是，因为呜哇山歌唱腔特殊，唱词基本是地方方言，外地人来学有很大难度，我们家族式的传承圈子太小，都是自家人唱，基本没外人学。我很重视传承人培养。家人中，我的两个女儿会唱，孙女也会唱。我儿子没有继承，不感兴趣，一直在外打工。除了家人，也带了一些徒弟。2007 年开始带徒传艺，有十多个徒弟，学得比较好的有戴隆修、谭孝前、陈和英、戴隆威等，侄儿子戴隆修学得最好，经常跟我们一起出去表演。徒弟们有的在家务农，有的在外面打工。我选择徒弟的标准主要是看喉咙（嗓音条件）好不好，还要有兴趣。收徒弟我们不收学费，传承方式主要是模仿，适度讲解，没有传内不传外等规矩和讲究。但是当前徒弟和学生难以依靠所学的技艺生存，这是个问题。

为了培养接班人需要想更多的办法

花瑶呜哇山歌的传承目前面临很多现实的困难，但是政府和我们的共同心愿是好好发展花瑶文化，大家都在想办法。目前我们县政府很重视，在全省率先从财政经费中拨出专款给我们传承人发放传承补贴，鼓励我们带徒传艺，确保保护工作后继有人。这一措施实施后，我们传承人收徒的状况有所改善，为项目传承与保护打下了良好的基础。但是总体发展状况不容乐观。我们的呜哇山歌一直依靠口传心授的模式代代相传，主要是家族内部传承。这种传承模式在很大程度上依赖于我们这个地方自给自足的生活方式和封闭保守的生存环境。可是，今非昔比，如今花瑶山寨已经受到时代大潮的冲击，多数花瑶的年轻人受到山外强烈的物质和精神上的诱惑，给呜哇山歌的传承带来了前所未有的挑战。

我觉得，办法总比困难多，呜哇山歌的发展、传承、保护需要注意这些方面。

第一，作为呜哇山歌传承人，我们自己应该做到苦练内功，内外兼修。花瑶呜哇山歌的传承离不开我们本地花瑶民族的风土人情、文化底蕴，这是根本。花瑶呜哇山歌的一音一调都很具有特色，与众不同，记录着花瑶民族多年以来的艰难成长史，而呜哇山歌高亢、激越的唱腔也是在我们隆回虎形山这个群山巍巍、绝壁重重的花瑶古寨里自然而生，我们要好好继承这些优良传统，提升对地方花瑶文化的领悟力，努力提升自己的技艺水平。

第二，政府要继续在原有的基础上高度重视花瑶呜哇山歌文化，想方设法采取有力措施。我们隆回县政府是很不错的，针对我们传承人经济上的困难，给我们这些生活在农村的传承人发放传承补贴，鼓励我们在工作之余放心地带徒传艺，这个措施已经做得很好了。我还希望政府在这方面加大力度，让更多的省级、市级和县级的年轻传承人受益，让他们无后顾之忧，心甘情愿地扎根自己的家乡，传承家乡的文化。

第三，我们要想办法激发大中小学生在艺术文化方面的学习兴趣，尝试在学校音乐教育中寻求新的途径。可以让呜哇山歌传承人和学校的音乐教师配合一起教学，同时也选择一些专门的时间，比如安排两三天，让外地学音乐的学生到我们这个地方来感受花瑶文化，体验原生态的花瑶呜哇山歌之美。当然，这个时代，对学生而言，在流行音乐潮流的影响和冲击下，我们花瑶山歌的原生态性与他们的审美情趣已相差很远，如何用喜闻乐见的教学方式让他们慢慢接受呜哇山歌并且喜欢它，如何选择教学内容并创新，如何引导学生解决在学习过程中所遇到的问题，这是一个非常重要的问题，也是我们花瑶呜哇山歌引进学校音乐课堂取得成效的关键因素。

第四，在继承传统的基础上，我们的年轻人要敢于创新，开拓传承保护新思路。作为非物质文化遗产的呜哇山歌，能否在新的时代进行有效保护和活态传承，至关重要的因素是在传承中不断创新。我们要好好地想一想，我们的呜哇山歌如何顺应时代的潮流，如何融入现代的因素，如何激发更持久的生命力，使更多的年轻人能够接受它喜爱它，只有这样想清楚了，采取了有力的行动，我们才有可能好好地传承它、发展它。

歌艺精湛的新一代"瑶山歌王"：陈治安

访谈时间：2021 年 1 月 28 日

访谈地点：隆回县虎形山乡草原村陈治安家

访谈对象：陈治安

访 谈 者：魏建中　文桂芳　姜莉芳

访谈手记：花瑶呜哇山歌市级代表性传承人陈治安住在隆回县虎形山乡草原村，离戴碧生家不是很远。当天我们访谈完戴老师后，来到陈治安家中，他的房子刚修不久，兼营民宿。我们和陈治安聊起家常，他向我们讲述了自己小时候的学习经历、对呜哇山歌的理解、长大后和父亲在外地表演的精彩故事。

　　陈治安，男，瑶族，1976 年 2 月出生，湖南隆回人，国家级非物质文化遗产项目花瑶呜哇山歌市级代表性传承人。他的父亲陈世达，生前是花瑶呜哇山歌省级代表性传承人，多次在全国、全省比赛中获奖，被誉为"瑶山歌王"。陈治安 12 岁开始跟随父亲学唱呜哇山歌，深得家传，长大后多次在全国、全省的各类山歌比赛中获奖，多次出国参加文化交流活动。2015 年，代表隆回县参加全国山歌争霸赛，获得了含金量很高的"山歌王"奖。2015 年，陈治安和妻子等几个人的呜哇山歌组合入围全国十大山歌王，得到了评委高度评价和认可。2020 年 7 月，陈治安带领几个徒弟参加韶山"湘水同源、文化同根"全省非遗山歌邀请赛活动并获最佳节目奖。陈治安歌艺精湛，被誉为新一代"瑶山歌王"。作为花瑶呜哇山歌传承的年轻一辈，陈治安通过参加各种表演比赛、精心培养徒弟，为瑶山呜哇山歌文化的传承发展做出了自己的贡献，得到政府部门和广大民众的肯定和赞扬。

↑图 2-2　穿民族服装的陈治安

（陈治安　提供）

在美妙的歌声中长大

我叫陈治安，出生于 1976 年 2 月，初中毕业，在家务农。我小时候家里五口人，有大哥大姐，自己排行第三。大哥务农，姐姐在镇里电站上班。我结婚后家里共四口人，我爱人务农，在家经营民宿，我有两个儿子，一个读大学，一个读初中。我家庭很和睦，经济情况一般。

我父母是农民，父亲叫陈世达，生前被誉为"瑶山歌王"，他是花瑶呜哇山歌项目省级代表性传承人。父亲 8 岁开始学唱呜哇山歌，唱了 60 多年，多次在全国、全省比赛中获奖。我们这里的人喜欢唱山歌，几乎每个人都会。在田间地头、小溪河边、娶嫁喜事等场合等都能听到优美动听的山歌。我是在父亲的歌声中长大的，现在回忆起来依然历历在目。我记得，父亲唱呜哇山歌的时间和环境比较随意，一般在高兴的时候，比较累的时候，没有特定场合。我们比较喜欢到树林里唱歌，我们把唱歌的树林叫作对歌林。我们以树为伴，世世代代爱树护树崇拜树。我们的对歌林在崇木凼村一侧，往上爬，山坡上树荫浓密，有很多棵叫不上名字的大树，树根裸露在外，盘根交错，这些大树都已经几百岁了。我们的祖先对古树充满了敬畏，对它们都会打上草标，禁忌砍伐。

　　我居住的草原村地处虎形山瑶族乡的最高点，东靠茅坳村，南接白马山，西衔怀化溆浦，北接白水洞村，山很高，路难走，很长时间里是典型的贫困村。这一带历来比较闭塞，古时候山中猛兽时常出现，很多村民都会随身带着装锣鼓的布包，经过人烟稀少的山林，或者独自走路时就打起锣鼓唱呜哇山歌，一来可以壮胆，二来可以驱赶野兽。我们草原村上了年纪的村民都会唱这样的山歌，他们唱高腔的嗓子像是天生的，一人领头，大家跟着附和，空谷里的回声可以传到几里外的地方。我父亲讲他年轻的时候唱呜哇山歌，曾经吓跑过附近的老虎和野猪。我父亲会唱的山歌很多，可以几天几夜不重样，他也善于创作。过去在我们虎形山乡，哪家干活需要请很多帮工了，就把我父亲请去加油鼓劲，人家干一天活，他要唱一天歌，我也经常跟着听一天。锣鼓喧天，"呜哇"声此起彼伏，置身其中的人有使不完的劲，也有唱不完的歌。外面有人说我们是一群快乐的人，有现代企业可以模仿的"企业文化"。可以说，我们生活的地方是一个人与环境关系和谐的乐园，这和我们传统文化中的生态意蕴和古朴的快乐习俗有着很大的关系。在现代经济社会的建设中，我们应该认真挖掘和研究我们传统文化的独特遗产，在此基础上取其精髓，为现代社会服务。我们这里的人非常热爱自然，关注生态，一直传承着丰富的具有原生态特质的山歌文化。

⊙图 2-3　陈治安和爱人在唱呜哇山歌（陈治安　提供）

难忘的学艺岁月

　　我 12 岁跟着父亲开始学唱呜哇山歌。那时，每天早上五六点就被父亲喊醒，走到河边或爬上山头练唱。我母亲是麻辣歌①师傅，父亲是呜哇山歌师傅。两个人是因唱歌结合在一起的。在这样的耳濡目染下，我想不唱歌都难。当时呜哇山歌很受欢迎，因为大家经常在劳动时唱。我们都知道，呜哇山歌最初是花瑶聚居地劳动号子，是为集体劳作加油鼓劲，男性打锣鼓唱的歌。在我们这里唱呜哇山歌干活，一天可以干两天的活。呜哇山歌也有情歌，谈情说爱的时候也有唱呜哇山歌的。直到 20 世纪五六十年代，我们这一带的人耕种、狩猎仍唱呜哇山歌。那个时候，田间地头"噢嚯嚯""呜哇呜哇"的声音不绝于耳，是一道悦耳的奇观。每唱

---

　　①　麻辣歌：花瑶人对情歌的别称。唱情歌时，听起来麻酥酥、火辣辣，很形象。

完一段，我们的"歌师傅"便很专业地击鼓敲锣一番，声音很大，气势磅礴，如同雷声一样响彻山冈。对我们这里的村民来说，山歌是可以即兴而作的，唱山歌是我们当地人与寂寞的一场正面对抗，是一种有趣的消遣，更是对生活的一种文艺浪漫的表达。

我刚学呜哇山歌时，父亲要求很严，每天都要去山上练歌，有时候早上天刚蒙蒙亮上山，有时候晚上提着火把上山，训练时间长的时候喉咙都唱出血。最初学时很怕出丑，在生人面前放不开，这也是每个年轻人的通病。我父亲说，学唱呜哇山歌最重要的事情是要去掉一个"丑"字，树立一个"敢"字，要在别人面前大胆唱，不能怕丢人。克服心理障碍后，我的技艺上了一个台阶。能坚持学很重要，能多久学会一首呜哇山歌没有具体的时间，需要有领悟能力。呜哇山歌乐曲需要真假声结合演唱，容易出现发音不准的情况，为此练习要有耐心、恒心。

我在学习过程中有一些记忆深刻的事。我和父亲练声会选择离村子比较远的高山上，山上有高大的树木，空气很新鲜，有利于肺部的呼吸。当然，也怕打"哦嗬"① 时吵着人家，引起矛盾。如果敲了锣鼓，就一定要打"哦嗬"。我们唱歌，没有主持人"报幕"，打了"哦嗬"就是提醒听众和伴唱们，要开唱了。"哦嗬"是最难打的，嗓子要相当的好，我们也要经常练习吊嗓。去年，我们乡的乡长带了一个学声乐的专家来到我们草原村，要跟我 PK，我同意了。大家开始唱，结果对方只唱到一半，就唱不下去了。因为呜哇山歌曲调、节奏比较自由，音调悠长，演唱结合真假声时，极易发音不准。好嗓子不是天生的，是练出来的，嗓子越唱才越开阔。在学习的过程中，印象最深刻的是 2011 年 11 月中旬，我作为年轻的"歌师傅"，跟随父亲、姑父等人远赴台湾参加"第二届两岸非物质文化遗产月"系列活动，当时作为领导的马英九上台与我们一一握手。

---

① 打"哦嗬"：呜哇山歌中的一种练声和发声方式。

我父亲是"瑶山歌王"

　　我父亲是方圆几十里具有传奇经历的知名人物。他叫陈世达，出生于 1940 年 3 月，2018 年离开了我们。我父亲小时候家里 10 兄妹，他排行老四。我们这个地方大家天生喜欢唱山歌，我父亲孩提时代就在村里的山歌歌声中长大，耳濡目染，加上他很有天赋，他很快就能用山歌来表达自己的思想感情。可以说，他小时候唱歌的天赋和兴趣都超过一般人，儿时就已展露"歌王"潜质。我们这里除了呜哇山歌，还有花瑶山歌，二者不完全是一回事，花瑶山歌种类很多，内容包括生活中的各个方面，而呜哇山歌则偏重于劳动时唱的号子。我们这个地方自古以来有一个风俗习惯，哪家要锄地了，全寨人都会被请来帮忙，最有意思的是同时也要请来村里的"歌师傅"助阵。"歌师傅"在当时是一种有趣的职业。我父亲是我们这个地方经常被请的人，他的任务就是敲锣打鼓唱呜哇山歌来给大家加油鼓劲。在他的呜哇声中，干活的人就越干越有劲，越干越有味。他很爱劳动，种了十几亩地，他认为劳动就是锻炼身体，而且是一种最好的锻炼方式，不用花钱还效果好。他常说，只有经常劳动，身体好才能唱好歌，要不嗓子早就废了。几十年来，我父亲很神奇，从来没有打过针吃过药，偶尔有点小感冒，就拿自家种的金银花煎点水喝。他很爱喝酒，我们劝他少喝点，他说不喝酒就唱不出，喝了酒才有劲头。他最爱喝的是自家酿的米酒，一餐喝个二三两，早餐也不落。

　　其实在我们这里，花瑶人几乎人人都会唱山歌，但是会唱呜哇山歌的人很少。我经常听父亲说起他第一次学唱呜哇山歌的场景。他 8 岁的时候，一天外出，游玩得很开心，忽然在田间听见了长辈们唱呜哇山歌，一下子就被吸引住了。只见"歌师傅"一边敲锣打鼓，一边欢乐地唱着歌，为劳动的人们加油鼓劲，十几个村民在田里一边插秧也一边唱和，非常快乐，场面很震撼。他们的脖子涨得又粗又红，手掌很自然地随着吼唱有节奏地动着，很神奇的"呜哇呜哇呜哇——"像珠子一样从长辈们的嘴里连绵不绝地蹦出来。我父亲讲，尽管只有 8 岁，他当时也被这激越高亢而又奇妙的歌声和锣鼓声深深吸引住了，情不自禁地跟在长辈们后面有模有样地学唱起来，引得一些大人哈哈大笑。"清早起来赶路来，大路赶着小路来。呜哇呜哇——大路赶到歌师傅，小路赶到歌秀才。少年乖，赶到两位歌师一路来。呜哇呜哇——"。这首《两位歌师赶路来》是我父亲学会的第一首呜哇山歌。而学这首歌，他只用了一个早上的时间。从那次以后，我父亲成了"歌师傅"的粉丝，近乎疯狂地迷上了呜哇山歌。他胆子很大，记性也很好，一首歌跟着长辈们只要唱 3 遍就学会了，很受长辈们的喜爱。有一次参加学校的文艺表演，他大胆地唱起了刚学会的呜哇山歌。由于唱山歌的声音太大了，再加上震耳欲聋的锣鼓声，他的表演被学校老师视为一种噪音，受到了严厉的批评。但他一点也不气馁，相信自己的判断，坚持自己的兴趣，仍然整天跟着长辈们学唱呜哇山歌。1953 年，由于家庭太贫困了，我的爷爷奶奶无力承担众多小孩的学费，我父亲只上了 4 年小学就辍学了。辍学之后，他一边在村里做农活，一边跟着当地有名气的"歌师傅"杨继生、谭炳焕学唱呜哇山歌，还专门按照传统仪式拜了师，他干活和学艺都没耽误。两位师傅见他天赋过人，又十分喜爱呜哇山歌，觉得人才难得，便分别将自己珍藏的几本祖辈传下来的歌书毫不保留地交给了他。歌书上一共记载了 2000 多首十几种调子的呜哇山歌，这些资料是非常珍贵的。

我父亲最值得骄傲的事是以山歌为媒，和我母亲对唱 5 年，娶到我母亲。这事在我们这里传为美谈，很出名，村里的老人如数家珍，有记者来采访过，还上了报纸。我以前经常听邻居讲我父亲的故事，有空的时候，我父亲给孩子们摆龙门阵，也时常提起他的这些往事。大家对我父亲追求我母亲的故事，记忆是比较深刻的。1959 年，我父亲到了谈婚论嫁的年龄，但是当时由于家里一贫如洗，可以说是家徒四壁，附近没人敢给他做媒。我母亲是本村人，年轻的时候长得秀丽端庄，大家公认是村里的一枝花。她不仅山歌唱得好，还会唱花鼓戏。我们这里有年轻未婚男女对歌的风俗习惯。邻居们记忆最深刻的是，1959 年的春天，阳光明媚，大家在山上干农活。我父亲在劳动休息的时候，放开嗓子唱起歌来："十八妹，少年乖，唱个山歌解忧怀；挨妹坐，试妹心，看妹骂人不骂人；八月打油生桐子，初一拜年刚出行；十八妹，话难听，要妹发个爽快心。"这歌是我们这里有名的情歌，是年轻人比较喜欢唱的。看见对方没有一点回应，我父亲没灰心，仍然坚持，又唱道："唱了一轮又一轮，只有你妹坐起莫作声；不知我郎哪里得错你，莫把话言话语记在心；十八妹，话难听，好好丑丑唱出声。"我母亲平时也善于唱歌，但在这种环境下她有点犹豫，沉默了好久，终于回答了："十八哥，话难听，有什么好好丑丑唱出声；我妹心想唱支桃情山歌回与你，只怕同口莫同声；十八哥，话难听，靠郎照顾我愚蠢人。"从那以后，每次劳动时，大家都能听到我父亲和我母亲对歌，他们两人在对歌的过程中增进了解，感情也逐渐加深。有一天，我父亲对我母亲唱道："吾妹生得乖又乖，世上只有吾妹乖，别人讲我和你好，我从未和妹面相挨，少年乖，把得哥哥名誉何下台？"我母亲回道："十八哥，少年乖，把得哥哥名誉何下台，只要你情哥有这种真心意，请个媒人讲拢来。少年乖，和你同床共枕面相挨。"1964年底，我父亲和我母亲这对有情人终成眷属。大家都说这是一个很有趣的故事。这种故事在现代社会中很难再听到了。

从我父亲开始，我们的呜哇山歌终于走出瑶山，唱响全国。2001年，虎形山瑶族乡政府成立了民俗表演队，我父亲和我姑父戴碧生，还有其他14位民间表演者一齐入选。此后，我父亲除了在当地表演外，多次赴怀化、吉首、张家界等地演出。2007年6月，我父亲被授予"隆回县非物质文化遗产优秀继承人"称号。2009年，我父亲应邀到北京人民大会堂参加慰问演出，从此名声大震，采访他的人越来越多，也有人慕名来学呜哇山歌。我父亲带了20多个徒弟，有的出师了，他徒弟中最小的是自己的孙子，基本上都是自家人。几十年来，我父亲一直保持着良好的生活习惯，坚持每天早上六点左右起来做广播体操，干农活时唱着呜哇山歌，非常开心。山歌为他解忧愁，给他带来了欢乐，带来了爱情和家庭的和睦。我父亲最大的心愿是将自己记得的上千首呜哇山歌的歌词整理成书，教好徒弟，让呜哇山歌这项传统民间艺术代代相传。我要好好地继承我父亲的事业。

勇敢地走出去传播呜哇山歌

我简单介绍一下我们呜哇山歌的特色。有专家认为我们的花瑶呜哇山歌是一种高腔山歌，被称为"民歌中的绝唱"。外地一位作家曾将我们的呜哇山歌形容为：时为高天大风呼啸，时为空谷巨鸟和鸣，时为江海"轰"地举起千堆雪，又"哗"地跌成万斛珍珠，滑过古滩，流入金黄的沙地……整个空旷的山谷回荡着一片"呜哇"声。我们的歌词可以即兴创作，题材来源很广，生活中的方方面面都可以用喊和唱的形式表达。歌词中有一种朴素的生命意识，那就是我们人类是由客观现实中的一系列自然物种演变而来的，是天地自然之子。既然天地自然是人类的母亲，人类就应该热爱自然，尊重自然，与自然万物和谐共生。在我们的呜哇山歌里，通过对大量自然物的拟人化，把天地万物看成是与人一样有感情的生命体。我们把自然看得非常神圣，体现了一种敬畏自然、爱护环境的意识。

这些年我辞去外面的工作，回到村里，就是想好好传承发展呜哇山歌。我勇敢地走出我们的山村，积极参加各种表演和比赛，努力传播呜哇山歌。2013 年，我和父亲、姑父等四个人去参加全国民歌赛得了最佳风采奖。2015 年，我和妻子几个人的呜哇山歌组合在 2015·中国湖南（南山）六月六山歌节"南山牧业杯"首届全国山歌大赛中部赛区决赛入围"全国十大山歌王"，得到评委的高度评价和认可，获得 3 万元现金奖励，并和另一组合代表中部赛区，和其他四大赛区山歌王一起，于 7 月 21 日在城步参加"六月六山歌节"首届全国山歌大赛的颁奖晚会。2020年 7 月，我带领几个徒弟参加韶山"湘水同源、文化同根"全省非遗山歌邀请赛活动并获最佳节目奖。

总的来说，我对呜哇山歌的传承保护做了下面这些工作。我参加各种山歌比赛，面向全国积极宣传呜哇山歌；努力培养传承人，和学校联合。比如 2018 年我帮助隆回县职业中专成立了呜哇山歌工作室，我耐心对团队成员进行指导。团队师生学得很好，坚定了他们传承与创新呜哇山歌的信心。团队成员在花瑶大剧场、瑶王古寨、崇木凼等地现场展演了节目，许多游客驻足观看，拍视频，发抖音，纷纷与团队成员合影。比较遗憾的是，家族式的传承圈子太小，除了自家人唱，基本没外人学，因为呜哇山歌唱腔特殊，唱词基本是这个地方的方言，外人来学有很大难度。

带徒弟从家人开始

呜哇山歌的传承方式主要是家族传承。我家里，我妻子、小儿子跟我学习了呜哇山歌，学习效果还不错，妻子已成为我们呜哇山歌"歌师傅"团队中的一员，小儿子也能熟练演唱。除了家人，我还带了七八个徒弟。主要是在学校授课，除了我们村的小学，还有县职中的一些学生在学。选择徒弟主要是看他有无兴趣，而且嗓音条件要好一点。我不收费，只要愿意学。现在的教学方式是口传心授，也有专业的音乐老师一起辅助教学，没有传内不传外的规矩。目前来看，徒弟和学生比较难依靠所学技艺生存，主要是作为兴趣来学。

2014 年县里建起了呜哇山歌技艺传习所，解决了传承人教无定所的局面。现在我经常会去传习所带徒授艺，游客多的时候，我们也会在传习所表演呜哇山歌，希望将山歌传播得更远。县里开展非遗项目进校园活动，聘请我们花瑶呜哇山歌传承人上课，我每个学期在虎形山民族团结学校给学生上 20 节课。2018 年成立的呜哇山歌工作室共有 21 人，其中学生 16 人，老师 5 人，年龄最小的 14 岁，最大的 50 岁。我们这个工作室先后创作了《瑶山金银花》《瑶山情》等节目，多次在市县演出，先后荣获隆回县艺术节二等奖、隆回县五四晚会优秀奖、邵阳市文明风采赛一等奖等。2020 年，呜哇山歌工作室团队创业项目网评以全省第四的成绩，入围 2020 年湖南省黄炎培职业教育奖创业规划大赛，取得了很好的成绩。2018 年 1 月，县非遗保护中心组织了花瑶节目表演唱《三连妹》，虎形山民俗文化表演队及花瑶呜哇山歌传承人共20余人参加排练，我也是其中的一位。《三连妹》结合花瑶呜哇山歌曲调，贯穿了"挖田试妹心""莳田表真情""打禾再求婚"三段展现花瑶民族风土人情的场景内容，表达了我们花瑶人民勤劳致富、追求爱情的心愿，是很有意义的创新。其中有一段词："过了正月有得闲，拿起锄头好挖田。一锄一锄挖到位，莫偷懒来莫靠天。"这首词的作者之一、我们隆回县的花瑶文化研究者回楚佳讲，这是首次将花瑶呜哇山歌以歌剧的形式呈现在舞台上，是一次大胆的创新，具有里程碑的意义，希望更多的年轻人喜欢上我们的作品。

让呜哇山歌"活"起来

在现代化日益推进的今天，人们的思想和生活方式发生了很大转变。我们的呜哇山歌文化也面临着挑战，如何保护和传承民族传统优秀文化也成为我经常思考的问题。目前政府非常重视非遗文化的传承发展，县里成立了非遗中心，对我们的呜哇山歌的传承发展提供了很多帮助。隆回县政府专款发放传承补贴，鼓励我们传承人一心一意带徒传艺，取得了立竿见影的效果，在一定程度上缓解了传承艰难的困境，但总体状况仍不容乐观，需要继续努力。

如今我们的花瑶山寨已经受到了经济时代大潮的冲击，花瑶的年轻人受到来自山外大城市的强烈的物质和精神上的诱惑，而现代化的娱乐手段比我们的山歌来得更新奇、更刺激，也更符合新一代花瑶青年们的审美情趣。面对这种情况，当务之急是解决花瑶山寨民众的收入，这也是留住年轻人的最好方法。现在政府在我们花瑶地区发展文化旅游，就是为了解决年轻人的就业问题，为了实现乡村振兴，实际上也取得了很好的效果。随着近几年媒体的宣传报道，村里的呜哇山歌在社会上越来越有知名度。呜哇山歌在各种活动中展演，获得了良好的社会反响。前几年，政府决定以呜哇山歌为民族文化特色，尝试将民俗文化和旅游结合起来，推动地方经济发展。比如在我们草原村不仅有民俗非遗文化鸣哇山歌，风景也很美丽，春天可以看山花，夏天凉快可以避暑，秋天可以看峰林，冬天看雪。根据统计，到 2022 年底，我们草原村接待游客达 20 万人次。草原村农家乐从 2018 年的 1 家增加到 2022 年的 15 家，村民的收入水涨船高。瑶乡的特色美食、花瑶文化体验让无数游人心向往之。前几年，我开起了古寨歌王民宿，20 多间客房一到夏天就爆满，一年下来收入还不错。作为文化旅游发展的受益者，我希望我们的文化旅游给当地的老百姓带来新的生活。要真正做好鸣哇山歌的保护工作，重视我们花瑶鸣哇山歌传承主体的经济来源、生活方式是非常关键的一环。

除了通过增加经济收入留住村里的年轻人，作为非物质文化遗产的鸣哇山歌能否在新的时代被有效保护和活态传承，我觉得至关重要的是要在传承中创新。首先，在过去的传承模式中寻求新发展。花瑶鸣哇山歌的传统传承模式是口传心授，这个不能丢，但是我们还需要运用现在的科技进行传承。作为传承人，我们要加强非遗保护与传承的责任心和使命感，要与政府共同努力，在宣传推介非遗工作创新上有所作为，继续为非遗传承发展做出贡献。同时希望相关专家对我们花瑶鸣哇山歌传承主体的生存境况进行调查，尤其是上了年纪的传承人，帮助他们解决生活上的困难，这是开展非遗传承发展的最基本的工作，也是所有传承与保护研究的起点。其次，在我们的大中小学校音乐教育中寻求新途径。运用现代科技手段，把花瑶鸣哇山歌带入学校音乐课堂，是一个有力而长远的保护措施，是鸣哇山歌在新时代更新发展的机遇和渠道。通过项目创新工作，在保护中传承，在传承中发展，让我们把优秀的传统文化真正传给子孙后代，让非遗鸣哇山歌"活"起来，"火"起来。最后，基于传统，勇于创新，开拓传承保护新思路。我们传承人在传承鸣哇山歌时要在模式创新上下功夫，要相互协作、共同促进，做非遗传承的引领者。

妻子眼中的丈夫

我叫欧阳小红，1977 年 3 月 12 日出生，汉族，职高毕业。我是陈治安的妻子。我们有两个儿子，一个读大三，一个读初二。我原生家庭 6口人，家里两个哥哥，一个妹妹，自己排行第三，父母务农，家庭条件一般。我很支持丈夫从事鸣哇山歌这项工作。我 2000 年嫁给陈治安，当时他喜欢唱鸣哇山歌，但好像并没有在村里引起特别关注。2005 年发现鸣哇山歌开始受欢迎，外面的游客和上面的领导来，喜欢听鸣哇山歌，我丈夫他们上台表演节目，我也跟着唱。我真正开始学唱鸣哇山歌是结婚之后，一开始不怎么喜欢，听多了也就开始有兴趣了，跟着学了一些歌曲。我丈夫经常和我讲起我公公婆婆唱山歌结婚的故事，我觉得蛮有意思的。我开始感兴趣后，我丈夫认真教我唱，我们经常在一起对唱。我现在会唱 100 多首，比如《打起来，唱起来》《100 只蜜蜂》。我自己没有独立演出过。现在这个时代，当地人对鸣哇山歌兴趣不大，大家喜欢现代的音乐舞蹈。但是，这些年外面的山歌比赛比较多，我们出去参加各种比赛。我丈夫放弃了外面的工作，专心在家务农，业余时间参加外面的表演和比赛。很多时候我跟他一起出去表演，除了台湾我没去，我们一起参加了很多比赛并获奖。

在我眼中，我丈夫最艰苦的阶段是他嗓子嘶哑的时候。当时，他们计划去台湾演出一个月，我丈夫出发前感冒，嗓子嘶哑，唱不出，我非常担心他的嗓子坏掉。他停了两年没唱，其间不断看中医和西医，后来吃草药调理，慢慢才好。我们父亲传下来一种护嗓的方法，可以说是一绝，是用当地一种独特的药材——墨杆根，这种药要跑到离村子很远的地方才能挖到。父亲告诉我们说，把墨杆根经常含在嘴里，效果比"金嗓子"还要好，我尝试了，确实如此。我认为丈夫对鸣哇山歌的传承与发展做出了很大的贡献。他勤学苦练鸣哇山歌，在各种山歌比赛中获了很多奖项，为花瑶争了光；他还指导很多年轻人学习鸣哇山歌，让他们获益很多；他在很多学校的音乐课堂教学生唱呜哇山歌，他每周都去镇上学校上两节呜哇山歌课，有时候去县里的职业学校教学，培养了一批呜哇山歌的传承人。我丈夫传承非遗文化，弘扬呜哇山歌文化，我要好好支持他。作为呜哇山歌这个项目的新生力量，我认为呜哇山歌需要创新，尤其呜哇山歌的歌词要创新，要跟上新时代的节奏，反映一些现代生活，但曲调不能改，曲调一改就不是呜哇山歌了。

第三章

茶山号子

努力让茶山号子更加璀璨夺目：米庆松

访谈时间：2023 年 4 月 2 日

访谈地点：辰溪县苏木溪瑶族乡田坳村米庆松家

访谈对象：米庆松

访 谈 者：黄始兴　魏建中

访谈手记：从小立志传承瑶乡茶山号子的歌者米庆松住在辰溪县苏木溪瑶族乡田坳村绿树如荫的大山深处。我们通过老熟人黄始兴联系到了米庆松老师。黄老师是辰溪县上蒲溪瑶族乡的一位中学老师，他的家就在上蒲溪瑶族乡五宝田村，和米庆松老师同属辰溪瑶乡。黄老师的岳父与米庆松的师傅舒黑娃是邻居，黄老师以前经常在岳父家听舒黑娃唱歌，与米庆松交往密切，常在一起喝茶交流，也常听米庆松现场演唱。在一个风和日丽的日子里，我们对米庆松老师进行了深入访谈。

米庆松，男，1957 年生，瑶族，怀化市辰溪县苏木溪瑶族乡田坳村人，国家级非物质文化遗产代表性项目茶山号子国家级代表性传承人。1974 年初中毕业，1976 年高中毕业，1979 年被聘为苏木溪瑶族乡文化辅导员。2003 年 3 月，被调到瑶文化的发祥地——罗子山瑶族乡从事文化辅导工作。师承"湘西号子歌王"——舒黑娃，得到真传。从 1984 年开始，参加各种艺术交流、文艺演出和文艺比赛，获得各种荣誉。1989 年，他演唱的《瑶山魂》获怀化地区群星奖。2008 年，他演唱的《茶山号子歌》获怀化市首届原生态赛歌会三等奖。2019 年 10 月 8 日，他和省级代表性传承人向行钢到广东广播电视台参加节目录制，受到热烈欢迎。经过多年的学习与实践，他能轻车熟路地演唱茶山号子，并结合现代社会的特点有所创新。他多次参加文艺会演、文化遗产展演活动，为瑶族文化的传承发挥了极为重要的作用。他全面、系统地掌握了茶山号子的唱法，并通过整理、研究、演出和带徒等工作，对保护、传承、发展茶山号子这一非物质文化遗产做出了积极贡献。

↑图 3-1　劳作归来的米庆松

（黄始兴　摄）

项目简介

茶山号子，湖南省辰溪县传统音乐，国家级非物质文化遗产代表性项目。

茶山号子，是挖茶山时唱的劳动号子，是一种伴随劳动而产生的山歌。茶山号子流传于怀化辰溪县黄溪口地区，演唱环境是：众人在冬季挖茶山时，由一人在山顶敲锣打鼓，打一阵唱一阵，有时是一人唱众人和。在挖茶山前，鼓手要先祭拜山神、念咒语与焚香，以求山神保佑阖家平安，来年油茶丰收。然后，挖山的男男女女、老老少少在山脚下一字排开，鼓手在前方不远处击鼓，小锣伴奏。随着锣、鼓的节奏变化，号子声时而缓缓抒情，时而高亢激越。唱号子有不同时段，每个时段又有不同内容，虽有一些固定的唱词，但多为即兴创作，题材十分广泛，涉及生产、生活、爱情、民族历史、民间传说、神话等多方面。茶山号子发声方法独特，音乐旋律奇特，具有高亢跌宕、激越悠扬、奔放婉转的特点，有极强的穿透力，富有民间地方特色。茶山号子的唱法、内容也有一定的规范，演唱时按一定的时序严格进行，旋律进行一般在高音区，演唱时翻高八度，并配以锣、鼓，声音高亢、响亮。茶山号子的代表曲目有《哇哇歌》《早晨来》《瑶家人民心向党》等。茶山号子是山野之歌、劳动者之歌，是我国民族声乐艺术中一朵独具特色的奇葩。2006年，辰溪茶山号子入选湖南省首批省级非物质文化遗产名录；2008年，辰溪茶山号子被列入第二批国家级非物质文化遗产名录。

幸运的一生

我叫米庆松，出生于湖南省怀化市辰溪县苏木溪瑶族乡田坳村白羊坡。自古以来，白羊坡这里的号子歌声经常从坡上茶林飞出。据老人说，山坡上过去有白羊出现，所以叫白羊坡。我们的村子在山坡上，坡上有山林、田地。白羊坡是我的根，一个是人生之根，一个是艺术之根。人生之根是我的出生地。我的父亲叫米贤考，为人很厚道。母亲一共生了11个孩子，前9个都夭折了，只成活了我和一个姐姐，我是最小的，姐姐嫁到罗子山瑶族乡刘家垅村。我在父母的呵护下一天天长大，深得父母的疼爱、族人的关怀。我1982年10月结婚，养有2个儿子，都已成婚，儿子儿媳都在广东东莞打工。我有3个孙子、1个孙女。

1964年9月，7岁的我开始上学。1974年我初中毕业，1977年7月在苏木溪中学高中毕业。毕业后回到村里，作为村里的壮劳力，被外调到溆浦县大江镇口维尼纶厂①修渣塘。1977年11月又作为公社劳动力被抽调去修辰溪大桥，一直到1979年3月才回来。这年6月，苏木溪公社

---

① 维尼纶厂：原湖南省维尼纶厂，始建于1971年，1978年建成投产。总部地点是湖南省溆浦县大江口镇。

（当时叫公社，1984年改公社为乡）党委书记安排我去辰溪县文化馆开会。到了之后才知道不是开会，是文化辅导员培训。培训课分类分班，有戏剧、曲艺、音乐、书法、美术、舞蹈、文学，我被分在曲艺班。曲艺班就有号子课，教课的就是被称为"湘西号子歌王"的舒黑娃。我结业后被安排在本地苏木溪公社文化站做文化辅导员，后又被调到罗子山瑶族乡文化站做文化辅导员，直到2017年退休。

　　现在仔细想想，当时公社里送我去县文化馆培训，可能是与我喜欢唱茶山号子而且比较出色有关。公社要成立文化辅导站，需要有文化技艺的工作人员当辅导员，就推荐了我，所以我到文化馆报到时按特长被分到曲艺班，很对口。这一次培训，对我的人生和茶山号子的传承，意义都很大。从人生意义看，可以说这是人生道路的转折点，彻底改变了我的生活方式。培训回来后，我就进入了工作岗位，传承保护茶山号子成为职业，可以有时间、精力去从事这项艺术，不必为维持家庭物质生活承担繁重的生产劳动，不必为生活所累而放弃爱好，因为没有一定的物质条件，即使坚持也难以提高艺术水平。在艺术上，我得到一个正规学习、交流的平台，知道了这项艺术的存在价值、发展空间，演唱的积极性得到保持、激励，尤其是结识了恩师舒黑娃，得到正宗传承与教育，成为衣钵传人，为日后正式传承发展打下了坚实基础。我将茶山号子这项艺术从民间唱上大舞台，从瑶乡山村唱向都市，扩大了传播空间，也获得了许多的赞美、掌声、称号。2007年我获得怀化市茶山号子非遗代表性传承人称号，2008年获得湖南省第一批省级非遗代表性传承人称号，2018年获得茶山号子国家级非遗代表性传承人称号。可以说，我这一生与茶山号子结缘，是在演唱传承号子中走过来的。茶山号子丰富了我的人生，点亮了我的人生，也滋养了瑶乡一方山水。我会一如既往地热爱这一艺术，不负荣誉、职责和众望，努力进行传承。

瑶乡山水之上号子横空出世

茶山号子是我们辰溪七姓瑶乡的民间民族艺术。辰溪瑶乡人为什么喜唱号子歌？是如何形成并保持这一民族特色的？这和我们居住生活的地理环境、民族性格有关。高山深林，四季绿色、飞瀑流泉滋润了我们的喉咙，孕育了我们剽悍豪爽的性格。茶山号子歌是瑶族人民骨子里、血脉里、灵魂深处发出的热情生命之歌，是我们战胜困难，创造乐观、智慧生活的方式。所以学习、传唱茶山号子歌，不能只为了出名，还要有热爱生活的情怀投入。

我们先来谈谈瑶乡的农事活动——挖茶山。挖茶山是给油茶树松土除草。油茶树是产茶油的树。茶油是一种油料，食用油，营养价值高，仅次于核桃油，是瑶乡村民主要的食用油来源，自己出产，不用花钱买，产量多的话，还可以拿到市场上销售。茶油价格好，现在市场价一斤为40—50元；除食用外，还可以做药用，消肿解毒。瑶乡处在罗子山脉，山地环境、土壤、水分和气候适宜油茶树生长，山上遍生油茶树。瑶乡人除去杂树野草，开辟出油茶林。油茶树是多年生的树种，一经垦荒开出，便可几十年上百年利用，不用施肥、打农药，只需一年翻挖一次，易管理，成本低，是很理想的经济树木，为瑶乡人所利用。因此，每个村寨都开辟有成片的油茶林，挖茶山也就成了瑶乡常见的农事活动。挖茶山一般在夏天或秋收前进行，这个时候禾苗和红薯都栽种好了，稻田农事告一段落，有时间组织劳力把茶山翻挖整理一次。挖茶山的目的，是给茶树松土，便于茶树根生长，同时把野草埋下，变成肥料，给茶树提供营养，使茶树多结果，果实大，产油多，还有就是年年挖，可以让茶山光溜平整，便于采摘，降低林中藏蛇和野蜂的风险，采摘时安全。茶山号子便是在这一劳作过程中产生并发展起来的。

在历史的长河中，茶山号子慢慢地形成了独特的仪式。挖茶山前鼓手要先焚香祭拜山神，以求保佑来年油茶丰收。然后，挖山的男男女女在山脚下一字排开，鼓手在前方击鼓，小锣伴奏。随着锣、鼓的节奏变化，号子声时而婉转抒情，时而高亢激越，非常适应集体劳动场面，带有娱乐性、实用性。瑶乡村寨为什么要采取集体挖茶山的生产劳动方式呢？这和瑶乡地理环境有密切关系。瑶乡处在罗子山脉深处，高山峻岭，山岭一座连着一座，深涧峡谷一处接着一处，山上次生林长势茂密，山黑压压，树荫森森，个人处在其中，更加感到渺小势单。于是人们想到一种简单可行的办法，利用人多力量大的条件，众人成群结队集体上山挖茶山，并且敲锣打鼓喊号子，这种浩大的声势，足以吓跑猛兽，挖山的人可以安心劳动，锣鼓、悠扬高昂的号子热闹场面，可以让人兴奋、鼓舞干劲，减轻、舒缓疲劳，提高劳动效率。就这样，瑶乡茶山号子歌在这种智慧艺术性的生产劳动中不知不觉地产生了。

难忘师恩

我开始接触茶山号子时，还是一个小孩。记得 1962 年，刚开食堂第二年，院子大开荒，种粟米，那年我只有六七岁。院子里的大人打鼓挖山，唱号子歌，场面热闹，我就跟着大人上山，在山边听号子歌，觉得悠扬洪亮好听，心里特别喜欢，产生了浓厚兴趣，就不自觉地跟着哼。20 世纪六七十年代，院子经常进行打鼓挖茶山，唱号子歌，我都跟去听，模仿腔调。也许是我学得认真，嗓音还可以，唱得有点像，加上小小年纪天真可爱，院子里会唱茶山号子的人特别喜欢我，经常让我表演，还指点我，这让我更加高兴更有信心，产生了很大热情。上学路上，一边走路，一边练唱。读中学时，家离学校十几里路，深山老林，尤其是放学后天晚了，路上更显灰暗，我只好放开喉咙唱号子歌，一边练嗓，一边可以解除寂寞、孤独，洪亮的声音驱除心里的害怕，壮自己的胆。从家到学校的路成了我练唱的大课堂，弯弯的山路，茂密的树林，默默地听了我几年的号子歌。及至毕业，走向社会，参加劳动，生活环境变了，但我唱号子歌的初心没有变。后来参加培训班，进入文化站工作，我继续唱着小时候学来的茶山号子，走上人生舞台。我一生痴情于茶山号子，茶山号子也陪伴了我一生。我的第一任茶山号子老师是瑶乡的乡亲父老，师承家传的第一个课堂是瑶乡的山地田园。这种启蒙艺术教育，虽然是天然的，无序的，但那是一方纯净的土壤，扎下的根很深，刻下了美好的初心，也使我得到了原生态的纯正的茶山号子音乐基因，终身受用，这是非常宝贵的。

我的第二次师传，来自舒黑娃。

这一次师传，时间是 1979 年，当时我已经是 22 岁的青年了，从田野、工地上走来，正是血气方刚、充满青春激情的年龄。课堂已不是家乡的茶山、村庄和上学的道路，而是县文化馆。学习方式不是简单地模仿乡亲父老，而是作为指派的学员在文化殿堂接受正规教育，老师也不是乡间的号子歌手、父辈，而是成名的专业师傅，入门师传。茶山号子属曲艺一类，我被分在曲艺班，教我们的老师就是舒黑娃。现在想起来，当时遇到业师舒黑娃，既是人生之缘，也似乎是一种必然，人生有幸。

先讲讲缘。1979 年，舒黑娃已经 69 岁了，要演唱茶山号子这样的高腔高难曲调，已是顶峰年龄了，若是再过十年八年，就快 80 岁了，很难再有雄厚的精气神来教学了。因为曲艺类教学示范性很强，课堂良好的现场演唱示范会产生很好的教学效应，更好地激发学员的学习热情。刚好在那一期我进了培训班，接受了他的传授，亲耳聆听了他那美妙的茶山号子，这对我之后的学习和坚守产生了深远影响。如果再过十年，我即使能去学习，传教的可能就不是舒黑娃了。

再说说必然。因为我从小就一直喜爱并坚持演唱茶山号子，有愿学的思想和艺术基础，被大队、公社发现，推荐去县文化馆学习。当时实行推荐制，大队、公社领导还是公正的、尊重人才的，今天想来，应该感谢推荐我的领导。那次被推荐去参加培训，无论怎么讲，都是我这辈子的幸运。结缘了业师舒黑娃，得到良好的师承，学到精湛纯正的技艺，开阔了我的艺术视野，之后又因此成为文化辅导员，有了工作，有了艺术展示提升平台，可以专心学习，有机会去演唱，能走出去获得良好的人脉，扩大影响，成就了我的人生，也保住了这一珍贵的文化遗产。

当时，舒黑娃被县文化馆请去教号子歌，我是学员，我们是师徒关系。白天在课堂听他讲课，什么是号子歌，怎么发音，怎么变化，听他现场演唱。我至今还清晰地记得，他示范演唱时，声音洪亮，高低起伏变化流畅自然，旋律在课堂内回响，在学员心里引起很大震动，我非常羡慕，学员们也特别喜欢他现场演唱。刚好晚上我们住在一起，聊起号子，我问他是怎么学习号子的，声音这么好，这么高，是先天生成的还是后来练的，问他学号子歌的诀窍。舒黑娃是老师，又像朋友，耐心回答我的问题，还现场演唱，让我观察领会。他要我演唱，并加以指点。这种一对一的教学，让我受益匪浅，虽只有几天时间，却得到老师的真传。可以说，我是他的嫡传关门弟子。后来，我们一直保持联系，我时常去看望他，聆听指点。2002 年 5 月，全县召开第一届文化艺术界联合会，我和舒黑娃老师第二次见面，在散会那天晚上，我就给与我相熟的县文联主席宋永清打电话，想请县文联给我师傅资助几百元钱。宋永清主席任过船溪公社文化辅导员，后来调到文化馆工作，和我关系很不错。我在电话里说："宋主席，文化艺术界联合会会议是 10 年一次，我师傅 92 岁了，再也没有第二次了，请县文联给我师傅送（资助）几百块钱，好吗？"宋主席说："我明天清早来看看你们师徒俩。"第二天清早六点半钟，宋主席到县招待所送来 800 元钱给我师傅。七点钟，我和师傅到车站，我把师傅抱上车，坐车回黄溪口，把他送到家。今天，师傅已经永远离开了我，回想起来，当时为他争取的几百元钱，也算是对师恩的一点回报。

前面给你们讲的，只是我和舒黑娃的师徒关系、人生缘分经历，还有舒黑娃作为我的艺术业师对我人生道路的深刻影响。

作为弟子，我跟舒黑娃保持着长久的联系交往，从不同途径获得他的相关信息，自然对他有更多更深的认知，这个问题，我从不同角度和层面进行介绍。

舒黑娃，生于 1910 年，2004 年去世。他是黄溪口镇大湾村人。他性情开朗，从小喜欢歌唱艺术。山歌、丧歌、佛歌，他都善唱。他嗓音高，艺术表现力好。他的村子也曾举行过打鼓挖山农事活动，有唱茶山号子的习俗。他从 12 岁时就开始学唱茶山号子，由于他嗓音洪亮，基础好，茶山号子成了他的拿手好戏和专长。大湾村离沅水河边仅 2 公里，他也常跑到河边听河上的排古佬喊放排号子，他将各种瑶乡民谣曲调加以融合，以传统号子歌为原型创作了更为成熟的茶山号子歌，并演唱实践。茶山号子歌的旋律一般在高音区，如不掌握一定的发音方法，没有良好的高音演唱素质，是无法演唱的，尤其是充当打鼓挖山的歌师，因为歌师要从早晨一直唱到下午才收工。

由于舒黑娃从小勤学苦练，摸索和掌握了一套演唱茶山号子的方法。他把船工号子、山歌、茶山号子融会贯通，形成了独特的茶山号子歌，发声有"高腔、甩腔、滑腔、断腔"四种之多。

再加上他的嗓音宽厚洪亮，特别是他的高音区发音奇特，能翻高八度，尖锐、高亢，因此在 20 岁左右，他演唱的茶山号子在当地就很有名气了。出名后，外村举行打鼓挖茶山活动，慕名来请他去做掌鼓歌师，唱茶山号子，既可欣赏他的号子歌，又可提高生产效率。听师傅讲，他年轻时，外调去修水库、铁路、公路，指挥部在工地举行文化表演活动，领导要他唱民歌，他总是演唱茶山号子，得到的奖品是 5 双草鞋。虽说是 5 双草鞋，但在当时，这是最高奖励，他演唱的茶山号子比其他人的节目优秀、奖品多。师傅说时，脸上显露出欣慰和得意的神情。将茶山号子艺术提升到成熟的境界，是舒黑娃师傅的一大功绩。

在乡间田野演唱茶山号子渐渐有了名气的舒黑娃，终于在 1956 年被县文化馆发现。舒黑娃的茶山号子被认定是一项独特、珍贵的民族民间艺术，应予推广传承，进行保护、利用。于是舒黑娃被推荐参加黔阳地区群众文艺会演，一曲茶山号子获得一等奖。这次比赛表现出了茶山号子的艺术魅力，为他带来了第一个荣誉。这也标志着来自田野的歌曲可以进入艺术殿堂，可以走出大山。1957 年，他代表黔阳地区参加湖南省文艺会演，在湖南剧院演唱茶山号子《早晨来》，著名双唢呐手宋先珍伴奏。他嘹亮、高亢、激昂的歌声轰动长沙，获得全省一等奖，这次的奖项含金量比较高。人们赞叹地说，"湘西有个舒黑娃，嗓子赛过双唢呐"，并称他为"湘西歌王"。这个称号，既是对舒黑娃茶山号子艺术成就的认可，同时也是对茶山号子艺术价值的肯定，具有双重价值意义。更大的荣誉还在等待着他。这一年，他随湖南省艺术代表团进京参加文化部举办的第二届全国民间艺术会演，他表演茶山号子，艺惊四座，获得文化部颁发的优秀演员证书及物质奖励，受到周恩来、刘少奇、朱德等中央领导人的接见并合影留念。1958 年，他参加湖南省第二次文艺工作者代表大会，并当选为湖南省音乐家协会理事。

师傅舒黑娃对茶山号子的重要贡献还体现在传承上，他让他的弟子得到成熟的艺术形态，师传正宗，为下传奠定了范式。1962 年，他被聘任到湖南省民间歌舞团任教，传授茶山号子的发声方法。他带的学生有何纪光、周多德等人。后来，何纪光在运用茶山号子发声的基础上，演唱《挑担茶叶上北京》《洞庭鱼米乡》等歌曲，名扬全国，成为著名歌手。何纪光成名后不忘恩师，经常到黄溪口大湾村看望老师，给老师送礼物。除了带歌唱家，舒黑娃在当地也收了一些徒弟，徒弟中有的还参加全国民间歌唱比赛。师傅身体硬朗，1980 年 70 岁时歌喉不减当年，仍以茶山号子再度获得怀化地区民间音乐会演优秀演员奖。2004 年 12 月，他病逝于家中。

师傅舒黑娃将茶山号子当作毕生艺术追求，获得很多很高的荣誉称号。从文化价值角度而言，这既是他个人的人生财富，也是后来茶山号子得以成功申报国家非遗项目的重要条件。可惜他老人家没看到这一天，但愿他九泉之下得知。

茶山号子体现了我们的精神风貌和美好愿望

我的出生地白羊坡和工作的地方苏木溪瑶族乡、罗子山瑶族乡，都处在辰溪瑶乡腹地。瑶族地区处县城东南边缘罗子山脉一带，前临沅江，后靠罗子山脉，以沅水为界，人们习惯上把沅水河东称为东边界，沅水河西称为西边界。东边界有五个乡、一个镇，西边界只有一个乡，叫作仙人湾瑶族乡。东边界四个瑶族乡——罗子山、苏木溪、上蒲溪、后塘，两个瑶汉杂居乡、镇——龙头庵乡、黄溪口镇。在县域内，六乡一镇都属瑶族地区，称"上辰溪"，总面积 500 平方公里，人口 10 万，是一个相对独立的地理空间和文化区域。生活在这里的瑶族，是瑶族的一个分支，叫"七姓瑶"，因其初始构成框架是七姓瑶民，即蒲、刘、丁、沈、石、陈、梁，族内人自我认同这个族称。瑶族地区历史悠久，宋代米氏四兄弟奉旨征"蛮"，进入沅水中上游罗子山区，距今千年。"七姓瑶"族称在元代初出现，而正式的文物标志——七姓瑶团碑则出现在清宣统三年（1911）。

瑶乡村寨有打鼓生产劳动的习俗。打鼓挖茶山产生了茶山号子，打鼓栽田产生了栽田号子，又叫插秧歌。打鼓挖茶山，既是生产劳动方式，也是民族生活习俗，是为适应生活环境而集体创造的，形式比较稳定，有丰富的内涵。劳动力来源上，在过去，哪一家准备搞打鼓挖山，就会放出消息，那些平日关系好的，感到有趣的，不忘传统的，图个快乐、感情的，自愿来参加，一般一两天时间；主人也可采取换工形式，通过一村内或邻村之间帮工、换工，组合十几二十几人进行。主人家包吃喝，不开工钱。20 世纪六七十年代，集体化时，一队劳动力同时出动。打鼓挖山人员中，有专门负责打锣鼓唱号子歌的锣鼓歌手。正式挖山前，掌鼓人要在村边土地祠进行祭神仪式，焚香化纸，念咒语，祷告驱除凶神恶煞，不要伤害挖山之人。在主人家吃过甜酒煮鸡蛋或泡徽饭早点后，扛起锄头、背上刀，一队人浩浩荡荡出发，开到茶山脚，间隔一定距离，排好阵势。锣鼓歌手站在队伍前一二十米的地方，一人背鼓，鼓是小鼓，手执一双鼓槌，一人用锄头轮挑一面大锣，两人都是男的，要嗓音好，会唱茶山号子。随着"嘭咚、嘭咚""镗、镗"的锣鼓声响起，挖山之人扬起锄头开始挖山。一阵锣鼓声响过，茶山号子随后响起，配合着锣鼓节奏。锣虽然是大锣，声音洪亮，却是配音，鼓声才是主节奏。唱号子歌时，亦有主唱、配唱，当地人叫唱上班下班。所谓上下班，不是轮着段唱，而是上班主唱、主调，下班配调、应和、接腔，共同把一曲唱完。如果鼓手唱上班，打锣的就唱下班；打锣的唱上班，打鼓的唱下班，轮流进行。如果谁嗓子好，就由这人一直唱上班，营造整个气氛，二人旋律节奏上要配合，锣鼓声点与号子歌节律亦要配合，所以是需要经验的，基本上由专业的锣鼓、号子歌手完成。这种专业人员一般由本村人担任，本村没有这方面的人才，就去别的村子请。一阵开山慢鼓后，接着便紧起鼓来，鼓声急促像大雨一样，锣声阵阵紧跟着鼓声，挖山之人听到紧鼓声音，精神振奋起来，扬起锄头奋力向前挖去。紧鼓时不唱号子歌，一阵紧鼓后，节奏又慢下来，挖山人松一口气，速度也慢下来，锣鼓手又唱起茶山号子。就这样，一阵紧一阵松，有节奏地劳动着，大片的茶山被翻新、荒草被挖掉，像蚕吃桑叶一样。

茶山号子是民歌，有词有腔调，曲词配合一体。传承时既传词，又传曲调。但核心是腔调，因为茶山号子与其他民歌的腔调显著不同，音高，翻高八度，起伏跌宕，独具一格，具有类型化意义，所以在传承中不能有变。在腔调传承上，基本是按传统唱法，原生态的，也不能乱改变，在演唱时用"窝"起调，使旋律慢慢升高。授徒时按自己的腔调风格教。1982 年，我的茶山号子唱法基本定型成熟，上台表演时有自己的风格。比如在歌词上，我师傅唱的传统词是《早晨来》。

（早晨开始挖山时唱）

日出东方亮，梳头打扮出远乡。

坐一乡，行一乡，梳头打扮出远乡。

柑子开花满园香，十八妹妹莫装腔。

梳妆打扮出远乡，早晨来，早晨来。

早晨戴个斗笠来。

你戴斗笠干什么？我戴斗笠遮日台（头）。

（上午休息时唱）

新打锄头上个尖，

邀起大家吃袋烟。

（休息后开挖时唱）

吃你烟，谢你烟，谢你金花插两边。

（快吃午饭时唱）

东边烧了火，西边吃了烟。

点心煮熟了，还在主人边。

（送午饭时唱）

姐儿穿身青，担饭进茶林。

手攀茶树枝，喊郎吃点心。

（午饭后唱）

姐儿穿身青，头包花手巾。

我郎问你到哪里，我到冲里送点心。

吃了午时饭，要唱来时歌。

堂屋椅子拖又拖，和姐两个论礼坐。

（下午收工时唱）

梓木鼓杵两头黑，打起锣鼓送日台（头）。

日台（头）送到天脚下，今日晚了明日来。

我唱的歌词是《茶树开花满山白》："茶树开花满山白，扛起锄头挖山来，茶油好吃山难挖，号子好听腔难开。"我和我师傅唱的内容，都反映打鼓挖茶山的劳动习俗，大同小异。但在篇幅上，长短差别大。我的词只有四句，《早晨来》有七段，长多了。这是因为表演的平台、时间不同。我们舞台表演只几分钟，时间有限，号子声调又长，句子不宜多。《早晨来》是劳动现场，一天时间，按不同时段编词，时间上允许。我除了唱茶山号子，还喜唱其他民歌、山歌、莲花落等，高腔、低调都能唱，声音变得起，当然主要演唱的是茶山号子。茶山号子里面的抽烟歌很有生活特色：

一根烟头五寸长，开口讨烟讨烟尝，

那烟本是墙上草，吃条好烟又何妨？

上坡长，上坡长，上坡半坡喝茶堂，

脚踩茶树手攀枝，骑马过界也为郎。

吃你烟，谢你烟，谢你金花插两边，

吃袋好烟发烟昏，一倒倒在娇①当门，

---

① 娇：瑶乡方言，对女朋友或未婚妻的称呼。

今日吃烟得娇拖，来日吃烟靠哪个？

黄土栽烟行是行，摘片香烟给郎尝。

吃我烟，领我情，莫把心思对别人。

关于号子的几个问题

大家谈号子、唱号子、听号子、赞叹号子，作为非遗传承人，我们要知道，什么是号子，什么是号子歌，什么是茶山号子歌。这是一个演进的过程，是一个基本问题。号子歌在学术层面，属民间传统歌唱形式，在瑶乡，民间歌唱形式还有多种：山歌、佛歌、哭嫁歌、哀歌、莲花落，还有儿歌、唱土地、车水歌，它们不叫号子歌，而挖茶山时唱的则叫号子歌，它有什么独特的地方？与瑶乡其他民间音乐歌谣有什么联系和区别？号子歌的内涵、根本属性是什么？这些基本问题要弄清楚。

我们先说"号"字，《新华字典》解释为大声呼喊。它的基本意义就是声音大。号子的"子"，加在"号"后面作为后缀，与"号"构成双音节名词。号子，既是艺术基因，也是习演者的心理基因，弄清楚这个基本问题，对认知号子歌的艺术内涵、音乐形象和社会文化功能，对学习传承、演唱的情感投入和艺术升华有启示作用。"号"是大声喊叫，随意、简短、易消失，是一种人际语言，而"号子歌"则是一种艺术，除了具有人际间的交流功能外，它还呈现出特定的结构形式和美感形象。从号子到号子歌，这是一个质的飞跃，是由众多瑶乡演唱者不断丰富、创造、演进升华而来，根据生活需要保留了高音大声的核心特征，代代相传下来。号子歌与号子不同，号子歌有歌的特征，那就是有曲调、有歌词，曲调有人为创造，规则变化，旋律流动，词曲配合。在歌中，曲调居于主导地位，是主体，所以能呈现出区域民间歌唱的类型特征。

再说茶山号子。我们平常所唱的号子歌，非遗名录上的名称是茶山号子，外延上有了限定。实际上，我们瑶乡的号子有多种：出殡号、打猎赶山号、放排号、插秧号子、山上联络号、打夯号。我们瑶乡事实上不叫唱号子，而叫打号子。打，就是高声大喊，声音大。这么多的号子，为什么茶山号子能常态化表演，传承下来，成为非遗？挖茶山为什么要唱号子歌？这是基于实际需要。茶山空旷，茶树密集，人多场面大，这就需要一种洪大悠扬的声音，需要强大的穿透力和震撼力，让挖山的劳动者听到，发挥激励作用。再一个就是，茶山号子艺术形象完整，曲词结合，优美动听，有艺术审美功能，具有传承保护价值。号子则过于简单粗糙，片段式，美感效果差，表演性不强，出殡号、赶山号不宜随便表演，有禁忌性，只在特定场合下使用。

茶山号子是规范音乐名称，我们瑶乡人有叫茶山号子歌的，还有叫呜哇号子歌、呜哇歌的。"呜哇"是一种声音，来源于瑶乡山中人家与山对面人联络打"哦嗬"和猎人赶山时呼喊"啊"。这些声音在山谷中形成回音，方言为"呜哇"。这种隔山谷打"哦嗬"喊"啊"声音大，拖得长，声浪在山谷中回响、扩散。打号子时，洪大的声音在山谷中形成"哇哇哇"的声音一波一波连续涌出，滚滚向前，连成一线成为曲调。这种"哇哇哇"声，也有利于高音旋律在变化中衔接不断，有节奏感，因此这个音乐也叫"呜哇号子歌"。演唱中用哇哇成习惯，呜哇与号子歌连在一起。

瑶乡其他民歌不叫"呜哇歌"。山歌就叫山歌，佛歌就是佛歌。虽然山歌也有高腔的，但相比茶山号子歌，还是显得不足，呜哇号子歌不仅高，翻过八度，而且整个旋律中，高都是主体。呜哇的高声来源，以及音色基因，决定了茶山号子歌高亢、激越、奔放、悠扬、婉转的音乐特色。这也是难唱难学之处，给传承增加了困难。学习、传承茶山号子要有一定的音乐天赋，我的儿子不能传承，就是他们的音调高不起来。学起来行就行，不行就不行，勉强不得的。我家打号子有家传，曾祖、祖父、父亲到我，都能打号子，幸好孙子米铭有天赋，可以传。

让茶山号子的艺术光芒更加璀璨夺目

作为国家级非遗传承人，为了让茶山号子更好地传承发展，让其艺术光芒更加璀璨夺目，我相当努力，取得了一些成绩。

首先，我参加了各种文化展演活动，对外传播茶山号子音乐艺术。我主要谈谈近几年参加的活动。2015 年，我受指派参加中共湖南省委党校、湖南行政学院的汇报演出。2022 年，我参加县内、市内、省内、国内文化调研展演活动 8 次。例如，2022 年 1 月 31 日至 2 月 5 日，湖南（长沙）向美公司 8 人，在我白羊坡的家里进行为期 6 天的国家级非物质文化遗产茶山号子抢救记录工作，并且组织了 5 个村民现场翻挖茶山，打鼓、打锣唱号子歌《早晨来》，现场录制。2022 年 6 月 15 日至 16 日，我在溆浦县统溪河镇大雁鹅界参加由怀化市文化旅游局、市非遗中心组织的非遗集市展演活动。2022 年 7 月 14 日至 15 日，我在芷江参加"湘台少数民族文化交流暨'遇见非遗'两岸非物质文化创意活动"。7 月 18 日至 19 日，我参加了怀化靖州杨梅文化艺术节活动。8 月 23 日至 29 日，在山东"第七届中国非物质文化遗产博览会"上，我展演了茶山号子《早晨来》《茶树开花满山白》。

其次，作为代表性传承人，我的努力也让我获得诸多荣誉。2019 年度，我获"湖南省优秀非物质文化遗产代表性传承人"称号，并在 2019 年广西民族艺术联合会举办的"迎建国 70 华诞 相约大美桂林'炫彩桂林三姐杯'"才艺邀请大赛中获优秀奖。2022 年 7 月 2 日至 7 月 5 日，怀化市举办第六届少数民族传统体育运动会，在文艺比赛中，我演唱的茶山号子《早晨来》荣获金奖。2022 年，茶山号子作为全国十大号子之一登上了广东广播电视台大型综艺节目。这些荣誉，既是对我艺术坚持的肯定，也是对我未来传承工作的激励、鞭策。为了方便专家学者调查研究，我还保存了茶山号子相关资料和锄头、锣鼓、瑶族服饰实物 40 多件。

最后，我尽最大的努力培养徒弟。我根据不同对象、不同年龄段、不同接受能力、不同兴趣程度实施传承工作，保证传承的连续性，保证传承正宗有效。年龄上，主要是选择少年、青年；传承方式主要是理论讲授加示范表演，讲解的内容包括茶山号子的特点、来源、发音方法和价值意义，讲解和演唱示范双管齐下。传承场所有学校课堂和社会课堂。学校课堂是进校园，对象是少年。从小抓起，一个是培养他们心怀传统文化的思想，另一个是培养他们的艺术技能。茶山号子调高，练声要从小练起。我选择的校园是黄溪口镇中心小学。这所学校坐落在瑶乡腹地，有师生2700多人，学校重视瑶乡民族文化的传承弘扬，将茶山号子作为文化资源编写进校本教材，进入课堂。学校成立了"茶山号子瑶娃合唱团"，聘请我为专业指导老师，专门传授演唱原生态瑶歌，将每周星期三下午的两节课作为教学时间，组织常态化传承、学习培训。我跻身国家级传承人队伍，这既是肯定，也是鞭策，我要在有生之年让这个合唱团一直开下去，让茶山号子永远唱响瑶乡，唱出老百姓的幸福生活。茶山号子是我们瑶族的珍宝，国家如此重视，要是不传下去我们就有很大责任。2015年，黄溪口镇中心小学被辰溪县民委定为"辰溪县民族文化传承基地"。培训班有50多人，其中10余人有天赋素质，学习成绩理想，可以登台表演。2019年，辰溪县第三届茶山号子赛歌会上，"茶山号子瑶娃合唱团"与成人同台竞唱，我的孙子米铭获得第三名，其余12名学生获优胜奖。对这个获奖，我很欣慰。可以说，现在我们茶山号子后继有人了。我也对得起逝去的师傅，对得住"国家级非物质文化遗产代表性传承人"这个称号了！罗子山瑶族乡文化楼也设立了一个茶山号子传承基地。此外，罗子山学校举办茶山号子传习班，参加的学生有16人。

在社会课堂方面，我也很重视。社会上的中青年，也有人喜爱这门艺术，怀着热情兴趣想学习，拜我为师，对他们的积极性我大力支持，收他们为徒弟，热心尽力地教他们茶山号子。从开始授徒到现在，十五年来已带教徒弟16人，其中学习认真天赋较好的且出师的有11人，多为瑶族人，其中有女性5人，比较优秀且能随我登台演唱的有米桂英、蒲方礼、刘家象、米召乐、尤斌如等人。还有5人尚未出师，继续跟我学习。这也说明茶山号子还是有人愿意学习的，传承有望。

茶山号子的传承是一项系统性工作

茶山号子的传承是很有价值的事情。因为茶山号子是国家非物质文化遗产，是瑶乡人民经过多少代不断努力，用汗水、智慧共同创造出来的艺术，非常珍贵，也是当今乡村振兴的文化资源，应该完整地保存传承下去。但是当前茶山号子传承难度很大，面临很多问题。比如号子音高，难唱，需要有一定的天赋和精气神。又如村落空心化，传承乏人，很多年轻人不愿意学。近年来，我们村里面掌握茶山号子的老艺人越来越少，需要青壮年演唱，但村里的青壮年为了生活外出打工，不愿意学习这项音乐技艺，这非常不利于这项民俗文化的传承。还有整个大环境的问题，茶山号子艺术来源于挖茶山生产劳动，在无意识不自觉中学唱，但现在这种生产劳动形式已消失，茶山号子失去了生存土壤，人们丢失了就近受熏陶、就近学习的机会。茶山号子没有用武之地，经济效益前景不大，吸引力不强。过去是乡亲父老家传，气氛熏染，师傅多；现在仅靠代表性传承人传，在课堂上机械地教，时间、空间、精力有限，力不从心。有的家长怕影响孩子学习、考试而不愿让孩子习练。随着信息化、现代化社会的高速发展，人们的生活方式和生活理念发生巨大转变，普通群众很难接受茶山号子这种民俗音乐，尤其是 90 后、00 后。在他们眼中，现代流行歌曲更新潮，更有吸引力。

茶山号子的传承是一项系统性工作，要从多方面进行，使之持续、有效、稳定。作为代表性传承人，我要尽职尽责去做，不愧称号，不负人生，要多想办法让茶山号子更加璀璨夺目。我对茶山号子的传承发展有几点不成熟的想法。

一是在机制上，国家层面进行顶层设计，制定相关的保护政策措施。尤其是各级政府部门需要出台鼓励民众参与的相关政策。例如，每年举办固定的培训活动，放在农闲、过年前后的时间，对参与的村民给予一定的精神鼓励和物质奖励。一旦大家形成学习习惯，遇到节庆等重大活动，就很容易组成表演团队。

二是积极开展传承培训工作。组织专业人员进行现场录音入库，对各种资料进行保存和研究。开展茶山号子进校园、进讲堂、进展览等活动，让其纳入各级艺校教学内容，让更广泛的人群接触到这项音乐艺术，扩大茶山号子的受众人群，形成梯队化的传承队伍。中小学可以增设民俗文化课，通过课程的导入，激发青少年对民族优秀传统文化的兴趣，自发地传承茶山号子。鼓励符合传承人条件的中青年申报茶山号子非遗代表性传承人，邀请高等学校相关专家及传承人对学员（尤其青少年人群）进行培训。

三是创新工作方法。传承途径和方法要多样化，不要等、靠、要，要积极主动有作为，走出去，请进来，加强学习，开阔眼界，集思广益，创新工作方法。继续利用代表性传承人师资，搞好校园、社会培训班，打造品牌，积极寻找机会。利用瑶乡乡村振兴和生态民俗旅游开发平台，将茶山号子融入旅游，与游客互动。可以打造"号子村"，吸引外来游客欣赏观光。可以编写、拍摄反映茶山号子的文艺作品和影视作品，扩大传播范围。还可以组织专业表演团队，结合瑶乡其他民族民间艺术，如山歌、龙鼓、旱龙船、霸王鞭、广场舞等，去外地乡镇、县市的大学、文化剧院、旅游区进行商业性、展演性巡回演出。总之，需要寻求传统与现代的融合点，让更多的民众能够看得懂也能够欣赏我们这种传统文化。

瑶族长鼓舞

唯愿长鼓代代传：赵明华

访谈时间：2022 年 1 月 22 日

访谈地点：江华瑶族自治县大圩镇文明村赵明华家

访谈对象：赵明华

访 谈 者：谭世平　龙怡安　龙运荣

访谈手记：一代"鼓王"赵明华住在江华瑶族自治县大圩镇的大山深处。天空下着蒙蒙细雨，我们访谈组一行三人，上午八点多从县城出发，一路上山路崎岖陡峭，蜿蜒曲折，很多地段一边是高山，一边是悬崖，我们小心谨慎地驾驶着小汽车，丝毫不敢分神。历经三个小时，到达大圩镇文明村。这里四面环山，几乎与外界隔绝，好在路面还不错，基本上有水泥路。赵明华老师的家在山坡上，屋后是一片茂密的竹林。79 岁高龄的赵老师站在家门口张望、焦急等待，看到我们的到来，就高兴地挥手，把我们迎进屋里。赵老师忙前忙后，步履蹒跚地倒茶端水，招呼我们烤火。围坐在火炉边，赵老师用低沉的声音和我们讲述起自己学长鼓、教长鼓的曲折故事和颇为坎坷的人生经历。

　　赵明华，男，1943 年 5 月 2 日出生，瑶族，湖南省江华瑶族自治县大圩镇文明村人，国家级非物质文化遗产项目瑶族长鼓舞国家级代表性传承人。赵明华从小就立志要把长鼓舞发扬光大，并拜被誉为"长鼓王"的李根普为师，全面系统学习瑶族长鼓舞艺术，从此走向了传承瑶族文化之路。为了把金鸡展翅、画眉跳笼、山羊反臂、大莲花、小莲花、古树缠根等动作表演得更加形象生动，他经常深入大山观察植物形态、模拟动物动态，通过师傅的指点传授和自己的勤奋努力，不到 5 年的工夫，就熟练地掌握了长鼓舞的主要表演动作和表演技巧。15 岁时，他在全县境内表演长鼓舞就达 500 多场次，赢得了好评和赞誉。中专毕业后，赵明华回到了生他养他的家乡大圩镇从事教育教学工作。为了把散落在民间的长鼓舞文化资料一点一点地搜集起来，他跋山涉水，穿梭于崇山峻岭之间，行走于林海瑶寨之中。从 1983 年开始，他把搜集到的有关长鼓舞资料进行整理，与县内的民间艺人、文化工作者一道，用文字、图画记录下了瑶族长鼓舞的 72 套动作。同时，对瑶族民间的其他舞蹈进行研究、记录，并出版了《江华民间舞蹈集成》一书。他带着病痛开展了 5 年的瑶族长鼓舞培训工作，在江华瑶族自治县培养了近 200 人的初级和中级水平长鼓舞表演后备队伍，组织村镇的 40 多名长鼓舞爱好者成立大圩镇瑶族长鼓舞队，指导的县老年艺术

↑ 图 4-1　穿传统瑶族服饰拿长鼓的赵明华（李尕　摄）

↑ 图 4-2　赵明华的国家级传承人徽章（龙怡安　摄）

团瑶族长鼓舞作品《远山的鼓舞声》获永州市文艺演出银奖，并荣获湖南省艺术节表演银奖，为瑶族文化传承发挥了极为重要的作用。

项目简介

瑶族长鼓舞，瑶语叫"挨汪都"，又称"打横鼓""调花鼓"，流传于湖南省江华瑶族自治县、广东省连南瑶族自治县、广西壮族自治区富川瑶族自治县等地。2008 年 6 月 7 日，湖南省江华瑶族自治县、广东省连南瑶族自治县、广西壮族自治区富川瑶族自治县联合申报的瑶族长鼓舞被列入第二批国家级非物质文化遗产名录。

瑶族长鼓舞多在瑶族传统节日及庆祝丰收、乔迁或婚礼喜庆的日子表演。它脱胎于起源很早的祭盘王仪典及一些巫术活动中的舞蹈，历史悠久，流传广泛，现已发展成为群众性的文娱活动。

长鼓在瑶语中称为"公"，瑶族长鼓以两鼓对接，中腰较细，可以握持，两端各以羊皮覆蒙鼓面。瑶族长鼓舞有多种表演套路，或专门表现造屋动作，或在舞蹈中模拟动植物形态，动作矫健粗犷、生动活泼、神奇怪异，充满想象力。按表演形式分，瑶族长鼓舞包括"盘古长鼓舞""锣笙长鼓舞""桌台长鼓舞""芦笙长鼓舞""羊角短鼓舞"等多种类型。按表演人数分，它又包括单人舞、双人舞、群舞等类型。表演中，鼓的打法有"武打""文打"之分，也有"高桩""矮桩"之分。

长鼓舞的主要道具是长鼓，宋、清两代相关古籍均有记载。宋时称铳鼓，又称长大腰鼓，清代已称为长鼓，现仍基本保留古代长鼓的形制。鼓长约一米，中间小两头大，呈双喇叭状，用沙桐木为鼓身，中间挖空，两头蒙羊皮或牛皮做鼓面，并用麻线拉紧。舞时加背带，把鼓横挂于肩背，既便于拍打又便于舞蹈。

长鼓舞表演时人数不限，成双数即可。两人为一个组合，相距为三至四步，左肩相对。每个舞蹈可由若干组合组成，在领舞的鼓点指挥下，各个组合时而横穿直插，时而大圈或小圈起舞，队形或横排或斜排，时分时合，并常见小方格、大方格阵式，村游时还有队列式表演，场面图形变化丰富多彩。

长鼓舞舞者手的动作是两手旁伸，两肘微弯，手心向下，主要是拍击两端鼓面。舞蹈动作则集中于腰腿，上身略前俯、双膝微屈为基本形态，两膝以有节律的伸屈带动身体上下颤动为基本动态，这种基本形态和动态融汇贯穿于长鼓舞的各式表演之中。有的表演以跳跃旋转见长，粗犷奔放，刚中带柔；有的则以双腿半蹲，身体上下起伏的节律突出，优美矫健，柔中带刚，舞蹈动作又各显特点，各具风格。

长鼓舞以舞者击鼓发出的音响节拍为伴奏。右手以五指或掌心拍打鼓头发出"咚"的一声，左手持竹片弹击鼓尾发出"啪"的一声，双手同时拍击鼓面发出"咣"的一声，三种音响加以变化组合，便组成了长鼓舞的各种鼓谱。有齐奏和一领一和两种击法，用"大圆圈鼓"鼓谱时要齐奏，即全体舞者的鼓点须一致，舞蹈动作亦须齐整；而用"鼓头""起换堂""圈背靠"等鼓谱时则要一领一和，即由一人领先半拍击鼓，余者跟后半拍和之，舞蹈动作亦伴随鼓点进行。不论哪种击法，鼓点在长鼓舞中都起着指挥作用，即使表演人数众多，也能令动作和队列整齐，变化有序。

长鼓舞有72套表演程式，表现内容有模拟生产劳动的"种树鼓""砍树鼓"，有演绎排瑶不同姓氏的叙事性的"十二姓鼓"，有以风趣手法展现排瑶男女婚恋习俗的"斗鸡鼓"，有表达欢乐情绪的"歌堂鼓"，还有祭祀祖先的"盘古王鼓"等。每逢春节、元宵节、三月三起愿节、六月六赛土神、十月十六要歌堂，以及香歌节等传统节日，瑶族村寨处处可见携鼓盛装的青年男性鼓手，头缠红布，上插雉翎，翩跹起舞，可闻铳炮、铓锣、牛角、唢呐声伴着"咚啪、咚啪"的长鼓声响彻山野。

我出生寒门，从小与苦难为伴

我于 1943 年 5 月出生，有一个同父异母的姐姐和两个同母异父的弟弟。瑶族地区山多田少，经济落后，粮食以玉米、红薯和山芋为主，生活困难。

我父亲是个老实人，靠种庄稼艰难度日。我的父亲姓邓，名叫邓永德，是赵家的上门女婿，他还有邓永及、邓永安两兄长。我伯父邓永及，过去被国民党拉去当壮丁，后来被红军解救了，也就当了红军，1949 年后再辗转回到家乡，是个老红军。我父亲一直在家务农，伯父邓永安做过贝江乡武装部部长，1949 年后也在县里上过班，1995 年退休了。可惜两位伯父已经都不在了。

我父亲原先是在贝江乡，为了躲兵役，逃到文明村。据我姐姐说，父亲身体不好，患有肺病，干不了重活，好在县中毕业，认得些字，在当地做私塾先生。国民党抓壮丁，我的大伯伯邓永及被抓去后就再没有消息，父亲怕自己会像大哥一样，是死是活家里人都不知道，就逃到了文明村。当时想进村可没有马路，都是翻山越岭的泥巴路。父亲觉得国民党那些人怎么也不会来这里抓壮丁。但是到这之后吃饭问题更加明显了，我父亲一个外来户，没有田，也不认识人，况且身体一直有毛病，干不了重活。

我父亲后来讨了个老婆，生了一个女儿，也就是我刚说的姐姐。一家人生活虽然很苦，但是我父亲和我姐姐的母亲感情很好，一家人能勉强维持生计。

到了最艰难的一年，父亲一家实在是活不下去了，我父亲不得不借了一个姓莫的人的高利贷。实在是家徒四壁，还不了钱，那个姓莫的就说也不要父亲还了，但要用我姐姐的母亲来抵债，父亲哪会同意，我姐姐的母亲也根本不愿意，但还是被强行抓了过去。那伙人很坏，强夺人妻啊，强行按着父亲在抵债合同上摁了手印。真是太欺负人了！

我姐姐的母亲逃跑过三次，有一次都跑到村子口了，但还是被人抓了回去，因为那个姓莫的人放出消息说，只要把人给他抓回去就给三石谷。后来他把我姐姐的母亲拉到谷仓里，给她看因为抓她而空了大半的谷仓，还好言好语劝了她很久，最后我姐姐的母亲也没办法，只能跟了他，哭着和我父亲告别。我父亲一个人带着女儿生活不下去，就只能含泪把女儿送给好人家抚养。

后来赵家差一个上门女婿，也看到我父亲有点文化，认得几个字，人也老实，就招他当上门女婿。1943年，母亲就生下了我。我随母姓赵。不幸的是，1944年，在我1岁多的时候，父亲就因为病重过早地离开了人世，那个时候我的姐姐从养父家里跑过来抱着我哭，说这个世界上只有我一个亲人了。

又过了一年，赵家觉得没有重劳力还是不行，就要我母亲又挑了一个上门女婿，是零陵的一个篾匠，然后生下两个弟弟。我虽然是赵家长子，但我是爷爷带大的。

1955年江华瑶族自治县成立了，我们都可以到山下读书了，但我的生活费和口粮基本都要靠我爷爷供应。后来爷爷年事已高，渐渐干不动农活了，而且家里还有两个弟弟也要读书了，我就只能一边读书一边打零工。我读的是民族师范，在民族师范停办以后就转到县二中。暑假我自己挑砖赚钱用来缴学费，吃了很多苦。

1961年，我在文明村当了民办教师，1988年转为公办教师。我教了30多年书，但足足有28年是民办教师。民办教师待遇很低，一个月只有3元钱，统筹时一年就600斤谷子，分田到户后，有几年还称不到谷子。转正之后每月工资有62.5元。

其实，任民办教师期间我也犹豫过。改革开放后，分田到户，农民经济收入开始多样化。1983年我不想再教书了，我想出去打工多赚点钱，当时我想先在家里种玉米，然后和姊妹们去挖锡砂，增加收入。当时的大圩镇党委书记裴玉龙知道了，很不高兴，让我好好教书，责怪我"身为镇人大代表，不为人民做事"，要我把书领回来，开好学。我说，现在家里没有粮食，没有谷子吃，人口又多，统筹粮人家不给我，几年都没有称到谷子了。镇领导想方设法挽留我，无论如何要我去领教材，开好学，出面承诺给我600斤统筹粮和些许救济款，和校长说好不能扣除我的工资。这样，我就继续留下来教书了。

1986年，我参加县里组织的首届民族民间赛歌会获得"优秀歌手"称号，当时有300多人参赛啊，我还上台作为获奖代表讲了话。有一个县教委的工作人员对我说，你要抓紧时间转正，你20多年还是民办教师，人家干30年就退休了，你有机会一定要考，不然可惜了，埋没人才。1996年，我因为身体不好办了病休，2004年正式退休。

长鼓舞是我们瑶族民间歌舞艺术的瑰宝

长鼓，瑶语称为"公"，它是两鼓对接、中腰可握、两端羊皮面可击拍，发出"咚咚"声响的特型长鼓。长鼓舞的内容为瑶族生产生活在艺术上的真实写照，动作粗细并蓄，有着朴实的美感。江华瑶族长鼓舞在瑶族地区是观众最多的一种文化娱乐形式，它以"曲"的身姿和"拧"的换位展示了动人的曲线美，反映出瑶族人民的生活习俗和精神风貌，有着广泛的社会影响。

瑶族长鼓舞的来历与瑶族祖先盘王有关。有人认为是与渡海神话有关，我还是认为与盘王打猎意外去世有关系。盘王喜好打猎，一天在捕猎一只悬崖上的野山羊时，由于用力过猛和羊一起掉下了悬崖，盘王和野山羊同时被梓树叉死。事后孩子们找到了盘王和羊，悲痛不已，含泪一起把盘王尸体抬回了部落。他们把野山羊皮剥下来，把梓树砍掉做成鼓，用力敲打以此泄愤，边打边跳边喊叫，从此瑶族就有了长鼓舞。久而久之，长鼓舞也变成了表现瑶族人民生活的舞蹈艺术，逢年过节、盖新房、结婚、拜寿都可以打长鼓庆祝。

瑶族长鼓制作技艺包括制模、镂空、修整、上油漆等环节。瑶族长鼓的鼓身细长，是用整段原木挖制或经过车旋而成的，其内腔中空、两端相通，两端鼓口较为粗大，中间鼓腰较为细小，外形呈两个倒接的喇叭状，从而形成两个共鸣鼓腔。鼓皮由鼓钉固定在鼓的两端，鼓身通体涂漆。鼓身用梓树，比较轻，不容易起虫子。砍伐梓树要选日子，请神。制作的时候，削出两头粗、中间细、内部空的鼓架，然后蒙羊皮为鼓面。原来是用野山羊皮，现在很多是用牛皮代替。制成的长鼓一般全长80—110厘米，腰径4—5厘米，面径12厘米左右。

我师傅李宜良有一对长鼓已经300多年了，是用野山羊皮和桐木做的。破"四旧"时，他冒着生命危险将它们保存了下来。1988年，我带着这对老长鼓在国际瑶族文化研讨会上表演，有个美国人看中了我们的这对老鼓，出价两万美元，我们舍不得卖。师傅说，这是祖宗传下来的，卖不得。

长鼓舞是瑶族民间歌舞的典型代表。表演时，鼓手左手握住长鼓的鼓腰上下翻转，右手随之拍击，边舞边击。瑶族长鼓舞有四大独特之处：一是屈膝、稳健有力。在整个长鼓舞动作中，不管是高桩、矮桩还是行进、跳跃，动作都必须在两膝弯曲的情况下进行。这个特点的形成是和瑶族人长期在山坡上从事体力劳动的生活环境分不开的。有人对我们这个原生态特点不理解，说我们是受到压迫所以两膝弯曲，其实他不懂瑶族人民的生产、生活，现在没有压迫了啊。这些动作都是模拟我们瑶族的生产、生活情景。二是"曲""拧"。长鼓舞一般是在堂屋中表演，观众伫立四周，中间剩下的场地不大，由于场所的限制，特别是在方桌上表演时，每一次位置的变化都必须拧身而过，每一个姿态都必须保持曲线。因此，长鼓舞必须贴身而舞，动作不能过大，要非常紧凑严谨。三是击鼓起舞。每一个动作都必须在鼓上击出不同的鼓点，动作的节奏是重拍向下，这样才能稳桩，因而形成了节奏鲜明、动作稳而有力的特点。四是长鼓舞的音乐伴奏以唢呐为主，辅以奏鼓。

长鼓舞击鼓动作大多是表现生产、生活内容，如建房造屋、犁田种地、模仿禽兽动作等。有模拟植物，如大莲花、小莲花、雪花盖顶、单莲花、扫地莲花、对面莲花、圆莲花。也有把动植物有趣的形态融入舞蹈之中，如模仿禽兽的有金鸡展翅、画眉跳笼、山羊反臂等，模仿植物的有左打左莲花、右打右莲花、上打莲花盖顶、下打扫地莲花等。有模拟制鼓过程的，如打鼓、置鼓、架鼓、斜鼓、躲鼓、跳鼓、围鼓、寸鼓等。舞蹈动作模仿上山落岭、过溪越谷、伐树运木、斗龙伏虎等，形象生动，富有想象，舞姿神奇怪异，动作矫健粗犷、奔放雄劲，节奏明快，令观看者大饱眼福。

击鼓有文打、武打之分。文打动作柔和缓慢，武打粗犷豪放；可 2 人对打、4 人对打，也可大群人围成圆圈打，气氛热烈，鼓声洪亮。

长鼓舞共有 72 套表演套路，现广为流传的有：拜、承、大、小、打、置、架、斛等 15 套。其

↑图 4-3　赵明华示范长鼓舞的打法
（龙运荣　摄）

中有一组 20 多个专门表现造屋的动作，真实而又形象地反映了瑶族人民频繁迁徙的生活。

瑶族长鼓舞属于喜庆舞蹈，多在瑶族传统节日及庆祝丰收、乔迁或婚礼等喜庆的日子表演。瑶族人民逢"过新年"、农历十月十六瑶族盘王节等传统节日，或是庆丰收、恭贺新婚等喜庆场合，都可打长鼓。大家即兴而跳，一呼百应，龙腾虎跃，非常壮观。中华人民共和国成立以前，此类活动由同姓宗族组织进行。中华人民共和国成立后，则以村为单位组织，国庆节、春节、庆贺丰收、家庭喜庆时，都打长鼓。现在私人操办的也有，如过生日、盖新房时打长鼓。

我们文明村有六种特定的时间一定会打长鼓。一是春节期间，二是开春放炮节，三是贺新屋，四是婚庆、丧葬、寿诞，五是还愿，六是参加各级单位组织的文化表演活动。其余时间没有限定，可以自由打长鼓。

长鼓舞的表演者，没有什么限制，只要愿意就可以打。过去主要是法师在还愿仪式中打，后来是民间自发学打长鼓。打长鼓曾在很长一段时间里是男人的专属，后来才逐渐有女人参加。在1985年的县庆活动中，文化馆要求各乡镇派表演队演出时，必须有女人参加，不然舞台太单调，不好看。从此，女人就在长鼓舞的表演中露脸了。

长鼓舞的传承方式，既有家族式传承，也有师徒式的传承。我们文明村的长鼓舞表演队，不仅有男有女，而且年龄跨度大，从十几岁至六十几岁的各年龄层次都有。

长鼓舞根据表演场地的不同又可以分为地上和桌上两种表演形式。地上长鼓舞一般是指表演者在堂屋或堂屋前的地坪上表演。桌上长鼓舞主要是指表演者在堂屋或地坪上摆放的宽80多厘米的四方桌上表演。桌上长鼓舞才显真本事，打得好与不好，一眼就能看得出来。在那么小的桌子上要跳出那么多动作，不能掉下桌子，必须有一定水平，要多年的练习才能做得到。

文明村的表演过程，一是"拜鼓"，二是"约鼓"两次，三是竖莲花接"走角"，四是"竖莲花"接表演性动作。每个表演性动作前都有一次竖莲花。每个动作后都用"走角"换位置。每套动作做四个方位。

走角的基本动作。第1—2拍：右脚原地小跳一下，左腿屈膝勾脚前抬45度，然后落脚身体左转一圈，左手"下阳斜鼓"经右手拍击后于左肩旁反竖鼓，双腿"跪蹲"。第3—4拍：右手击左鼓面，左手前翻腕，长鼓经上弧线落至左"阳手横鼓"旁，上右脚"大八字半蹲"，右手拍鼓，鼓向左经立圆画到右边成"正竖鼓"。第5—6拍：左脚上前正吸腿25度，右脚原地小跳，鼓向前立圆一周成"正竖鼓"，右手击鼓尾。第7—8拍：左脚落地双腿全蹲，微颤。

拜四方的基本动作。准备拍：正步直立，左"阳手横鼓"于腹前，右手护鼓。第1拍：右手击鼓的右端，上体前倾90度。第2拍：右手击鼓的右端，上体直立。第3—6拍：同第1—2拍的动作，原地重复两次。第7—8拍：左脚向左上步，右脚向左盖脚转半圈，双手"平莲花"。

山羊反臂的基本动作。第1—2拍：左脚上步成"点靠步蹲"，双手"竖莲花"。第3拍：右脚向左盖步立身，左转半圈。左"阳手斜鼓"于胸前，右手击鼓右端，鼓从左下臂绕至左背后成"反竖鼓"。第4拍：右脚直立，左脚后勾抬，脚跟踢鼓左端，右手右肩向后拍鼓。第5—8拍：左脚落地，双脚直立向左辗转半圈后左脚上步成"点靠步蹲"，双手体前"莲花盖顶"至左"阳手横鼓"，右手护鼓。

莲花盖顶的基本动作。准备拍：左"阳手横鼓"于胸前。第1拍：右手击鼓尾，左手立即向右转腕，鼓尾从臂下向左画成"阴手横鼓"，同时将鼓举至头前上方。第2拍：右手击鼓头，左手向左转腕，鼓头在头顶上经后平绕向左，同时双手向两旁落下。左手将鼓收回胸前成"阳手横鼓"，右手收至胸前护住鼓尾。

表演的时候有高桩和矮桩之分。我师傅教的是矮桩，矮桩是原生态的。高桩是指表演者在两腿半蹲的基础上进行动作表演，矮桩是指在全蹲的基础上进行动作表演。长鼓舞的动作中有很多"含胸、屈膝"动作，是我们生产、生活场景的反映。因为我们瑶族过去长期游山转岭，习惯于刀耕火种的生产和生活方式，终年爬山越坡，穿林过涧，进行繁重的体力劳动。你看我屋对面的山，多高多陡，我们瑶族都生活在这样的大山里，我们过去走的都是羊肠小道，背重物很少肩挑，都是用背篓背。在那样又窄又陡的山路上走，不可能像在平地上走路那样挺直腰板的吧。

长鼓舞动作有72套，实际上是36套动作有机地串联和重复。

拜四方—走路（四个方位）—寻树（莲花盖顶、四个方位）—走路—砍树—走路—背树—走路—叶架马—走路—锯树—走路—挖鼓—走路—扎鼓—走路—听鼓—走路—放鼓—走路—地基—走路—挖地基—走路—穿方—走路—立柱—走路—盖房—走路—作揖—走路—小莲花—走路—大莲花—走路—金鸡跳杆—走路—金鸡展翅—走路—金鸡独立—走路—双作揖—走路—双莲花—走路—莲花盖顶—走路—伏林—走路—伏江—走路—行平—走路—林州—走路—前后翻鼓—走路—古树盘根—走路—抛鼓—走路—十八响—走路—画山棋—走路—跳山棋—走路—破山棋—拜观众。

长鼓舞完整的表演程序如下。

一是伴唱《进屋牌》、拜四方。进屋后唢呐吹奏，制造喜庆气氛，表演者出场行礼，表示对客人的欢迎。

二是讲歌。讲歌就是唱歌，长鼓舞表演者唱瑶歌祭祀盘王，一般是演唱四首。

（一）

盘王原来先出世，

盘王出世在伏江。

置得三才传世上，

手拿仙斧置天宫。

（二）

天在子来地在丑，

男女在寅好配双。

党政开言齐纪念，

千年万岁记心中。

（三）

因为目蒙经学少，

字清不来话不明。

闻言几多有差错，

蒙君解正谢王恩。

（四）

手拿三尺长腰鼓，

捉来拍响敬盘王。

脚踏莲花行角步，

高官姊妹喜双双。

三是拜神朝圣。面向神龛表演"拜鼓"和"承鼓"，体现对盘王的敬仰，表明对盘王的继承。

四是长鼓舞表演。吹唢呐，锣鼓伴奏，程式性动作与表演性动作交替进行，动作套路不限，也可以上桌打。

五是伴唱《野羊撬》。祭盘王必唱的瑶歌，也是必打的套路，有配套的动作表演。

> 野羊撬野羊撬，
>
> 野羊撬断梓木树；
>
> 梓木树来好控鼓，
>
> 控个长鼓好风流。

六是长鼓舞表演。吹唢呐，锣鼓伴奏，程式性动作与表演性动作交替进行，套路不限，也可上桌打。

七是伴唱《飞溜飞》。只在"还盘王愿"仪式时唱的瑶歌，长鼓手随演唱做长鼓舞动作配合。

> 飞溜飞——飞溜飞
>
> 唐王圣帝欢坐位，请出后生来唱歌。
>
> 飞溜飞——飞溜飞
>
> 盘王圣帝欢坐位，请出后生来胜鼓。
>
> 飞溜飞——飞溜飞
>
> 王旗兵马欢坐位，请出后生坐歌堂。
>
> 呜喂——

八是伴唱《送客牌》。唱收场瑶歌、闹台锣鼓演奏，欢送观众，气氛热烈。

> 收转弹琵琶壁上，
>
> 收转横吹芦笛声；
>
> 先生归转学堂内，
>
> 贱单归转贱荒园。①

长鼓的保管是很有讲究的，平常挂放在厨房的屋顶上或阁楼上，过年或还愿时长鼓就摆放在神台上。打鼓前一般要请鼓，还要拜神。有的还去庙里拜祭，让法师请鼓。打完后再回庙里请示收鼓。凡是要打鼓、

---

① 意思为我回转到自己那贫贱的家园。

卖鼓，都要说"请"字。

请鼓的仪式很讲究。洗手洗脸，收拾干净，换好瑶服，拿出长鼓，放到堂屋右边的神位前。抽出三炷香和一小叠纸钱，蹲在神位前的地上，一边念请示盘王的词语，一边燃纸烧香。等纸钱烧成灰烬后，将三炷香放至头顶，面对神台三拜后将第一炷香插到神台上的一碗米中，另外两炷香分别插到房屋的前门和后门的平地上。最后走进堂屋，取下神台上的一对长鼓，请鼓仪式才宣告结束。

⤊图4-4 请鼓仪式（龙运荣 摄）

从小学习长鼓技艺，一路坎坷一路坚守

家乡流传着一种古老的瑶族民间舞蹈——长鼓舞。瑶族人民每逢节庆丰收或者祭祀祈福，都会身着瑶服，腰扎红绸，脚裹白布，肩挂长鼓，伴随着瑶族音乐击打长鼓翩翩起舞。我从小就在这种氛围中长大。

我七八岁开始学习长鼓舞。读小学时，当地的民办教师李宜良就开始教我们一些简单的动作，一起打长鼓、耍狮子。我15岁时就在附近村寨表演长鼓舞。后来我正式拜江华"鼓王"李根普为师，学习长鼓舞。李根普是我的表舅，也是文明村人。他的孙子觉得学长鼓舞养不活自己，不愿意学。李根普师傅就关照我，说我是小外甥，能吃苦，要我好好学。经过长期学习钻研，我学会了师傅传授的当地瑶族72套长鼓舞。我只要有空就学，有时候是晚上请师傅来教，有时候是到师傅家去。我的接受能力还可以，人也忠诚老实；师傅教得也很有耐心，很少打骂人，样样都教，不保留。

20 世纪 30 年代至 50 年代，长鼓舞是祭祀盘王和过年过节必须跳的一种舞蹈，在瑶族民众中广泛流传。长鼓舞在江华民间很普及，长鼓舞表演者春节去附近寨子贺年打长鼓，正月初一带着长鼓出去，到正月十五还不回。几十个人吃住都在外面，那时候真是热闹。村寨男女老少汇集在一起吹芦笙、打长鼓，热闹非凡。

1951 年，中央少数民族访问团来江华，对我们瑶族传统文化进行了搜集与整理，长鼓舞被专家们发现和认可。经过一些专业舞蹈演员的学习和整理，长鼓舞成为一个风行全国的节目。从此，长鼓舞逐渐从我们江华民间走向了全国的舞台。特别是 1951 年和 1954 年的国庆节，我们江华的盘天丰、盘永明、周德成先后到北京表演长鼓舞，赵庚妹唱瑶歌、唱《盘王大歌》，还受到党和国家领导人的接见。应该说，这是长鼓舞发展的一块里程碑。

1955 年，瑶族人民的文化生活进入一个新的阶段，县里成立了长鼓舞队，组织了全县会演。长鼓舞作为一种艺术形式广泛地活跃在群众文化生活之中。1959 年，江华瑶族自治县民族歌舞团成立，长鼓舞是歌舞团的必演节目，进行了很多编排，融合了很多适合表演的动作，长鼓舞得到了更好的发展。

1961 年，我到大圩镇文明村小学任民办教师。教书之余，我利用课余时间把散落在民间的长鼓舞文化资料搜集起来，与县里的文化工作者一起用文字、图画的形式记录下瑶族长鼓舞的 72 套打法。退休后，我投身瑶族长鼓舞培训教育工作，在江华境内已经培养了近 200 名具备专业水准的长鼓舞演员。我还在家乡组织了一支有 40 多名长鼓舞爱好者的大圩瑶族长鼓舞队，在附近乡镇进行演出，我的儿子、孙子都是表演队的成员。

20 世纪 60 年代至 70 年代，长鼓舞的传承遭遇了打击和断层。先是三年困难时期，大家没吃没穿，物质资源极为贫乏，谁还搞得起打长鼓，能活下来就不错了。紧接着的"文革"对长鼓舞是一种沉重的打击。很多传统的东西都被当作封建迷信禁止了，很多东西缴的缴、烧的烧，毁得差不多了。长鼓因为是祭盘王的，更是被当作封建迷信的道具烧毁。我们村保存的几对长鼓都被烧掉了，那都是传了好多代的老古董，太可惜了。但是运动来了，根本管不了这些，说烧就烧了。只有李宜良老师冒着生命危险藏了一对长鼓，才得以流传至今。

受"文革"影响，很长一段时间都没人敢打长鼓。直到20世纪80年代后，国家政策慢慢放开了，很多传统的东西又恢复了，长鼓舞才慢慢又兴旺起来。1981年起，瑶族长鼓舞引发世人关注，我和李宜良、李根普两位师傅应邀四处表演。1982年9月，长鼓舞在第二届全国少数民族传统体育运动会上得到大家的一致好评。长鼓舞还为很多外国的贵宾做专场演出，我们还到过法国、土耳其等国家表演。

1985年，在江华瑶族自治县30周年县庆和首届盘王节上，我们师徒同台表演桌上长鼓舞，获得"热忱献技艺，舞风传后人"荣誉奖。

1988年，参加在郴州举行的国际瑶族文化研讨会，我和师傅李根普同台表演江华瑶族长鼓舞，受到国内外朋友的赞誉。

1989年，我参加县里举行的欢庆新中国成立40周年文艺调演，表演的瑶族长鼓舞获二等奖。

1995年，为参加40周年县庆暨盘王节庆典活动，我和师傅培训瑶族长鼓舞学员20人，带领部分优秀学员参加盘王殿开光仪式表演，并在广场向公众演出，受到社会各界欢迎和来宾们的赞誉。

2005年，我和师傅组织村里的青年成立长鼓舞队，参加50周年县庆表演，并多次在附近村寨巡回演出，省、市、县里的新闻媒体曾多次专题报道。

2006年，我和师傅应县文化馆邀请到县城向老年艺术团传艺，排练节目，表演的原生态瑶族长鼓舞获首届民族民间文化旅游节银奖。2006年，师傅李根普还带着我坐车去长沙的中南大学传承长鼓技艺，真的是呕心沥血。那时候他走路都有点困难，我要扶着他。师傅技艺高超，见到什么都能唱出来，他和我在燃着一支蜡烛的八仙桌上跳长鼓舞，舞蹈结束，蜡烛不倾斜，也不会熄灭。师傅2007年因病去世，他一辈子都在为长鼓舞操心，去世前还在带病工作。

2007年，我在村里组织有青年和中小学生参加的长鼓舞歌队30余人，参加宝镜古民居景点开业等演出12场次，受到上级领导及来宾的高度评价。村里的长鼓舞队在党和政府的关怀和重视下，已基本形成良好的发展势头。

20世纪90年代以后，长鼓舞作为瑶族传统文化也重新焕发了光彩。1992年，我们的瑶族舞蹈《长鼓风韵》在第二届中国沈阳国际秧歌（民间舞蹈）大赛中荣获5项二等奖，并于1995年获文化部第四届"群星奖"银奖。在2002年11月全国岭南地区第三届盘王节中，我们的《瑶族长鼓舞》在比赛中荣获一等奖。2003年，瑶族舞蹈史诗《盘王之女》在湖南省艺术节大赛中夺得综合金奖和8个单项奖。2006年9月，江华瑶族长鼓舞入选中央电视台第三套节目《中国民族民间歌舞盛典》。2008年，湖南省江华瑶族自治县、广东省连南瑶族自治县、广西壮族自治区富川瑶族自治县联合申报的瑶族长鼓舞被列入第二批国家级非物质文化遗产名录。2009年，我很幸运成为第三批国家级非物质文化遗产项目代表性传承人。长鼓舞有幸成为"国保"，可惜两位师傅都没有等到这一天。

长鼓舞是我们瑶族的珍宝，现在国家专门为此设立了项目，也给予了经费支持。我们以前拜师学艺要烧香化纸请盘王，还要给师傅打红包。师傅口传身教，没有书可学。考技艺时要到八仙桌上跳，在桌子上换位拜四方，既要打出风度，又要保持平衡。以前传男不传女，现在改革开放男女平等了，我们男女都教。只要想学的我都教，我要把它一代代传下去。

师傅曾教给我22套造屋动作，但我觉得有些动作不好看，所以就只挑了部分好看的动作打。过去师傅在教我们打长鼓时，基本上都是从"大莲花"动作开始教起，按动作顺序去打，套路动作复杂，很多人记不住，我和师傅李根普就总结经验，将祖上流传下来的二十几套长鼓舞动作进行了重新编排，并且编成口诀，强化记忆，现在学起来就容易多了。

随着江华打造"神州瑶都"品牌，以及国家的不断重视，我们经常应邀到县内外甚至省外去登台表演。附近村寨每逢过节、贺寿、盖新房、庆丰收、祭盘王等庆典礼仪时，都要请我们去打长鼓。

2006年的初秋，我陪师傅李根普到中南大学为大学生讲授长鼓技艺。2016年，中南大学成立江华瑶族长鼓舞传承基地，并成功入选教育部首批中华传统优秀文化传承基地。他们研制了120余件长鼓文创产品，创编了长鼓舞广播操。2019年3月，在长沙校园里，千名中南大学学子同舞长鼓操，视频在中央电视台播出，很有气势，很壮观。我还多次到江华民族艺校教授长鼓舞。要重视非遗在校园的传承，就应该让非遗得到年轻人的喜爱。

2011年4月，我和小儿子应邀一起到北京参加央视综合频道《天生我才》栏目的活动，现场录制长鼓舞，还和朝鲜族同胞一起切磋长鼓舞技艺。车费和住宿费都是电视台资助的，去的时候坐火车，回来的时候由于没有买到合适的火车票，临时改乘飞机，飞到桂林。这也是我第一次坐飞机。回来后，我就写了首瑶歌，表达自己的心意："全蒙党政多重视，难为记者的关怀。弘扬交流瑶文化，有幸得到北京来。千里平洋京城府，戏台唱戏过年秋。银幕可观古今事，逍遥快乐好欢游。天生我才好栏目，汇聚天下群英雄。今朝台上露头角，未来明星从此出。银燕轻巧又玲珑，展翅飞入广寒宫。在落云端天仙境，千里行程顷刻钟。多谢各级党政府，谢党光辉照寒愚。诚心做好传承事，天缘有幸再来游。"这段文字现在贴在我堂屋的墙壁上，你们现在看到的是我孙子抄写的，以前的那幅是我自己写的。

2012年1月，我带着大儿子赵旺生应邀参加在台湾省台中市创意文化园举办的两岸非物质文化遗产交流活动，把瑶族长鼓舞的魅力传播到海峡对岸，增进了民族文化交流。只可惜在回家的时候，在双牌大山遭遇意外车祸，我头部受伤昏迷住院抢救，可以说是死里逃生。

2013年9月，我在长沙橘子洲参加中国湖南国际旅游节暨湖南旅游产业博览会，进行江华瑶族长鼓舞的展演。

2015年4月，湖南永州航线推广暨旅游推介会在广州东方宾馆举行。推介会上，我和大儿子赵旺生一起表演了江华瑶族长鼓舞，吸引了在场观众。

⊙图4-5　赵明华和儿子赵旺生在方桌上表演长鼓舞（李汆　摄）

生活几多不易，传承长鼓全凭责任

打长鼓是我一辈子的爱好，也是一辈子的事业，为长鼓的发展可以说是倾尽了心血。然而，命运却经常与我开玩笑，捉弄于我。生活的几多不如意，搞得我传承长鼓已经是有心无力了。如果不是因为热爱而在苦苦坚守，我真的不敢想象长鼓以后会是什么样的情形。

我有四个儿子和一个女儿。女儿远嫁江西，家庭不富裕，联系较少。大儿子赵旺生是长鼓舞市级传承人。以前我把牛卖了给他读书，他现在在大圩镇二小当体育教师，开始也是民办教师，9年后转正了。他开设体育课，编排长鼓舞体操，传承长鼓舞。二儿子身体不好，外出做了上门女婿。三儿子没读什么书，常年在外打工，他老婆身体不好，好在有两个儿子，一个读高职毕业了，一个在天津读大学。我家庭负担重，房子还没有盖好，只盖了一层。两个孙子都会长鼓舞，大孙子赵显波还跟我到香草源表演过。

最近几年家庭不太顺利，花了很多钱。大孙子在潇湘技师学院读书的时候，有一次坐无证三轮车，发生车祸被摔伤，花了六七万元才治好。

我自己呢，2016 年摔倒了，也花了很多钱来治病。老伴患有心脑血管疾病，花了钱，治不好，2019 年去世了。

这些年家庭条件变得困难，孩子们都比较忙，要养家糊口，我年岁已高，腿脚不灵活，身体也不太好，组织活动就显得力不从心。我最近几年外出活动较少，主要是由大儿子赵旺生去参加。2019 年 10 月，他应邀到北京参加央视《星光大道》节目，展示瑶族长鼓舞。有一天我在地里挖土，他急急忙忙地跑来借我的衣服和帽子，说要老古董有用。他在北京唱了瑶歌，打了长鼓，感觉还可以，主办方表示满意。

大儿子赵旺生除在学校传承原生态的长鼓舞外，还在其他老师的帮助下自编长鼓舞体操，在瑶族各个校园广泛传播。不少学生一开始对学习长鼓舞很有热情，不久就产生了畏难情绪，选择放弃；还有家长怕孩子学习长鼓舞耽误学习，认为学会了也没什么用处，不太支持。赵旺生想了很多办法，针对学生的喜好，在保留传统长鼓舞原生态动作的基础上进行改编，使之更易学习。

小儿子赵能文组建了一个民间演艺团队，依靠长鼓、唢呐、洋鼓、洋号"混搭"出瑶歌瑶舞的新感觉，并通过微信推广传播，在附近乡镇很吃香，广西的乡村也经常邀请他们去表演。

30 多年来，我在自家老屋前的晒谷坪上开办"长鼓舞课堂"，除了教会自己的儿子、儿媳、孙子、孙女，组建了一个家庭长鼓舞队外，村里的年轻人只要愿意学的，我都无偿地教。我有个徒弟叫李德旺，本村人。他从 5 岁开始就跟我学习长鼓舞，现在市建设银行工作，他也懂得感恩。收徒弟的话，要看人品，有道德，学习态度要端正，真心实意地想学。

几十年下来，我教的徒弟不少，但村里打长鼓的还是不多，真是力不从心。好多年轻人都出去打工了，说打长鼓又不能当饭吃，沉不下心来学。打长鼓很累的。你想啊，几个小时蹲下来打，腿很痛，腰酸背疼。我们原生态的长鼓舞，看是好看，但是练起来很辛苦。长鼓舞难学，要有记性，要能吃苦，经常练，光基本功就要练两个多月，72套长鼓舞有上千个动作，要学会的话，要四五年时间，很多人坚持不了，中途放弃了。

随着近几年媒体的宣传报道，村里的长鼓舞越来越有知名度。2007年12月，大圩镇的宝镜古民居旅游点开放，长鼓舞在开张庆典中展演，获得了良好的社会反响。乡政府决定以长鼓舞为民族文化特色，尝试把旅游和民俗结合起来，推动地方经济发展。村里的长鼓舞队开始参与一系列的旅游展演与庆典仪式。发展长鼓舞这本是好事，但是由于一些人没有认真去学习打长鼓，不按长鼓的套路和规矩打，为了好看，为了省事图简单，衣服更花哨了，动作更简单了，表演更随意了。

⟨↑⟩图4-6 作者与赵明华（中）在其家门口合影（龙怡安 摄）

我虽然年纪大了，但仍希望能在有生之年为长鼓舞传承发展尽心努力。我一直设想能在村里建成一个长鼓风情园，旅游开发后就可以造福全村。这也算是我继承祖先的遗产，能够为村里老百姓所做的一点点贡献，这既是我学习长鼓舞时对盘王对祖先的一份承诺，也是我作为一个瑶族子孙想尽的一份责任。

守望瑶族文化的精神和灵魂：赵　雄

访谈时间： 2022 年 1 月 23 日

访谈地点： 湖南省江华瑶族自治县大圩镇崇江小区赵雄家

访谈对象： 赵　雄

访 谈 者： 龙怡安　谭世平　龙运荣

访谈手记： 因为扶贫易地搬迁，许多住在大山里的瑶族同胞搬迁到乡镇集中安置点，脱离了原生态的文化土壤。年轻人不断外出打工，传承的中坚力量流失了，长鼓舞的发展面临着各种困难。赵雄凭着对瑶族传统文化的深厚感情，守正创新，积极推动长鼓舞的传承与发展，创造的长鼓舞 10 套打法得到行业认可。近年来多次参加重要的节庆活动，表演长鼓舞，他以己之力守望着瑶族文化的精神和灵魂。

赵雄，男，瑶族，1967 年出生于湖南省江华瑶族自治县两岔河乡。2015 年成为瑶族长鼓舞市级代表性传承人，2018 年成为瑶族长鼓舞省级代表性传承人，2022 年成为瑶族长鼓舞国家级代表性传承人。赵雄自幼喜欢长鼓舞，放弃外出打工，回村传承长鼓舞，其所创制的长鼓舞 10 套打法得到大家认可。他多次参加重要的节庆活动，与中南大学师生创新发展长鼓舞，表演长鼓舞，不断扩大长鼓舞的社会影响力。

⊕图 4-7　赵雄接受访谈（龙怡安　摄）

我出生在刀耕火种的大瑶山

我叫赵雄，1967 年出生在江华瑶族自治县大圩镇心合村。心合村距离县城有 70 多公里，山路崎岖，海拔高，多坡陡、沟壑纵横，交通不便，经常发生旱涝和山体滑坡等自然灾害。

我现在住在大圩镇上，是因为自然灾害移民搬迁下来的。感谢政府为我们瑶族人民易地搬迁，并且修了这么好的房子，给我们安置好。这是党实行好的民族政策的结果。

我的家庭是比较复杂的。我出生八个月就过继给了亲戚，按辈分其实是哥哥，后来我还是称呼他为父亲。

我的祖籍是广西开山。生父生母是从广西壮族自治区贺县（现贺州市八步区）开山镇迁过来的，搬过来两个月就生下了我。生父一共有八个孩子，我排行第五，后面还有一个弟弟和一个妹妹，一个兄弟 20 岁的时候就离世了，很可惜。

我养父 22 岁的时候，领养了我。在大瑶山里面，观念还是很传统的，大家结婚早，生育早。养父养母后来又生了五个孩子，三个弟弟和两个妹妹。我是最大的。我们兄弟姐妹关系非常好，很融洽，基本上是我说了算。

我相当于有两个家，两个爸爸两个妈妈。因为，我和生活在贺州开山镇的兄弟还是有联系的，开山那边现在也还有其他亲戚，有喜事我们会过去道贺。

我养父因为读了初中，有点文化，先是在村里当了 5 年民办教师，后来又去银行工作了 10 多年。但是因工资太低，只有 34 元一个月，难以养家，他就不做了，回了农村，后来当了村干部，一当 15 年。我养父 63 岁过世，过世得很突然。那天十点多钟他上山砍竹子，编织箩筐，在山上感觉不舒服，晕倒在地，叫不应，我养母喊人背回家。我得到消息后，匆忙往家赶，到家已经晚上十点多了，第二天早上八点钟，我养父就去世了。

我们瑶族人民过去生活十分艰苦，经济条件很差，家庭收入主要是靠贩卖竹木药材，靠山吃山。我养父母从广西贺县开山镇搬过来时条件很差，没有房子住，是临时到山上砍了几棵树搭成茅草棚子，四周用木头撑起，用黄土垒砌了土墙，上面盖的是茅草，冬天四处漏风。

后来靠着勤劳，加上养父养母头脑灵活，家境慢慢有所好转。从记事起，我基本就没有挨过饿了。瑶乡人靠山吃山，只要勤快，就好办。村里主要是农业经济，耕地少。我养父就做药材和木材生意。家里吃五谷杂粮比较多，如玉米、红薯，大米吃得少。我们的水田很少，绝大部分是旱地，大米基本靠买。

记得我奶奶一年到头都在外面种玉米，一家收入玉米几千斤。在山上开荒、劳动，几个月不回家的，就是我们说的刀耕火种。刀耕火种就是在每年阴历十月、十一月的时候，大家上山把要开垦的荒山上的草木全部砍倒，等到第二年春天的时候，砍倒的草木经过一个冬季的风吹日晒，已经很容易被点燃，这时候选择一个晴朗天气烧山，等山火熄灭后就留下了一层厚厚的草木灰，草木灰是很好的有机肥料。等到可以下种的时候，男子负责在地上挖坑，女子负责下种，把玉米种子播种在山上，然后就靠天吃饭，中间不再施肥，等玉米自然成长，结出果实，这就是一年的收成。当山地肥力下降，不再适合作物生长时，就必须寻找另外一块山地进行刀耕火种。

从前，我们瑶族人常年生活在大山里面，没有固定的住处，在哪座山上种玉米，就在玉米地旁边搭一个临时的窝棚住，吃喝拉撒睡都在窝棚里。除了种玉米外，我们还采集中药材、野果，也打猎，靠这些维持生计。

长鼓舞很多内容是反映瑶族人民生产生活的。瑶族人一年四季都打猎，周围可狩猎的东西很多，无论是上山种地、砍柴或赶圩归来，只要碰上猎物，随见随猎。过去，我们瑶族人还流行打山围猎，这是一种以村寨为单位进行的集体打猎活动，有时也联合附近村寨共同捕猎，特别是碰到大型猎物的时候，人多力量大。集体的打山围猎，一般选在冬季进行，清明和农闲时节也可以搞。大家事先会商量好一个上山的时间，背上猎枪、干粮，带着猎狗进山搜索，追捕野兽。上山之前，要敬山神，举行祷告仪式。不敬山神，是不行的，据说一是很危险，二是打不到猎物。每次打猎都有经验丰富的老猎人充当领头。打猎时禁讲不吉利的话，据说是因为山神听到了会把野兽赶跑。我们生活在大瑶山里，方圆几百上千里，到处都是高山峻岭，沟沟坎坎，有时为了追一只猎物真是要翻山越岭，紧追不舍，不捕获野兽，绝不罢休。我们瑶族人分配猎物时，是见者有份，除领队、打中者、猎狗的主人多得一份外，其余全部均分，全寨老幼，来访的客人，甚至上山的猎狗都得一份。猎物太少不好分配时，则将骨肉剁碎煮粥，大家分食，共享胜利果实。当然，要是一个人打猎，猎物归自己所有。但主家一般也会将猎物分给各家享用。

瑶族狩猎有许多方法，比如装拦踏、装网、挖坑、粘鸟棒等。我们有很多顺口溜，比如"山猪过坳，野兔走光路，黄猄行岭脚，山猫回头走旧路"；"猪尾打得准，瞄时在前个身"；"黄猄走得累，一头钻进干草堆，伸手可抓回"；"山蛤不冬眠，藏在水洼边"；"抓鸡虎，见火光，立即站立望四方"；"劝君莫打春来鸟，仔在巢中望母归"；等等。

我们很多打猎的动作都被编到了长鼓舞里，打长鼓就是起源于祭祀盘王打猎遇难，长鼓舞里就有打猎的动作。传说瑶族始祖盘王上山打猎，与一野羊搏斗时跌落悬崖，死在一棵树杈上。人们便挖空树心，剥下羊皮蒙成长鼓，日夜敲打以祭盘王。

20世纪80年代，为了保护生态环境，政府鼓励植树造林，实行造林换粮食的做法，1亩林地可以换21元钱和少量稻谷。这样，我们就慢慢地不再刀耕火种了，大家逐步下山了。再后来，大家外出打工的多了，在家的劳动力也少了，刀耕火种就退出历史舞台了。

边做村干部，边传承长鼓舞

小时候，村里的长鼓舞氛围很浓厚，我跟着去慢慢学。我的长鼓舞是我爷爷教的，没有正式拜师，可以说是自然传承。反正我从小就跟着大人去打。村与村之间相互打长鼓。早上起来就要打几套，然后一起吃早餐，吃完后又打一次，吃完油茶，再打一套。那时候村里人对打长鼓很热心，做些家常菜如豆腐、海带、青菜、猪肉等来接待我们。

我在大圩镇中学读初中，离家有20多公里，星期六从学校走路回家，要走四五个小时。星期六下午上完课，就和村里五六个同学一起走，我家最远，走到最后就剩我一个人，一个人要单独走2公里路才到家。星期天要走路去学校。读初中，交粮卡，一个月30斤就可以了。小学的时候还要交柴火。那时候路修得不多，从大圩镇中学到镇政府的路修通了。那时候自行车很贵，买不起，买了也怕丢。记得读初中二年级的时候，家里给我买了一块广州牌手表，90元。当时是轰动校园的大事，不得了，很多人来围着看。这件事，多年后同学们还记得，说我初中戴了手表，很洋气，当时班上很多同学衣服裤子都没得穿。那时候靠着养父做生意，家境逐渐好转。

15岁，我读完初中就没读了，自己不想读，也不知道考了多少分。村子里没什么娱乐活动。过年的时候，大家一起组队去邻村打长鼓，一去就是十多天，很热闹，就住在别人家。我们大坪组80个人大约30人会长鼓舞，基本上每家每户有1至2个人会打。

我19岁结婚。我老婆是我小学同学。她也是排行老大，家里姊妹多。我们的结婚仪式很简单。结婚时，我们男女双方都不请客，不送彩礼和嫁妆，也不敲锣打鼓，更不燃放鞭炮。在接亲那天晚上天黑时分，我们男方派几个女青年带上五斤猪肉、五斤酒和五斤大米，悄悄地到女方家去。接亲者与女方的家人同桌吃一餐便饭，就点着火把将新娘接到我家来了。我们男方家人三更半夜与新娘和接亲者及几个近亲的长辈同桌吃一餐便饭，就算结婚了。

按照我们瑶族的习惯，结婚后至生育前，一般住娘家，妻子不在丈夫家住，我是两边跑的。逢年过节或农忙时，我就去接妻子回家住上几天。之后她又返回娘家去了。等到我妻子有了身孕，快生孩子时才到我们家生活。

我20岁当家，就跟父母分家了。成家之初，我学做生意，主要做木材生意。走水路，放排，生活很辛苦。

我生有一儿一女，他们都读书不多，仅仅初中毕业。儿子是1987年出生的，现在沱江镇开垃圾搬运车，公司聘请的。儿子已经结婚，生有两个小孩。女儿在广东打工。他们读初中时的条件比我那时候不知道要好多少倍，但是他们俩都不愿意读书。现在就很后悔了，找不到好工作。他们那时候至少要读到高中才好，但是他们都不想读书，没办法，我们劝说他们也不听。

1993年，我很幸运地被选举为峻山村村干部。一直到2017年，我连续干了24年。按照国家政策，60岁后，会有退休工资。

担任村干部期间，我主要是帮村里修公路。1994年开始规划、实施，公路从蕉叶村修到峻山村，后来又延伸到各小组。

我 2018 年被评为省级非遗传承人。在这之前，我一边从事村里的工作，一边打长鼓。

江华瑶族长鼓舞包括 72 套表演程式。这 72 套动作包括大莲花、小莲花、反背莲花、起天起地、拜四方、古树开花、雄鹰展翅、鱼跃龙门等，每套动作都有专门的名字。我能全部打下来。有的地方是 36 套动作。瑶族长鼓舞有多种表演套路，或专门表现造屋的动作，或在舞蹈中融入动植物有趣的形态。瑶族长鼓舞多在瑶族传统节日及庆祝丰收、寿宴、乔迁或婚礼的喜庆日子表演。

⊙图 4-8　赵雄在家中向作者展示长鼓舞（龙怡安　摄）

2010 年，江华瑶族自治县组织县庆，宣传部、文化馆要求我组队参加打长鼓。根据 72 套动作，我重新进行编排，形成 10 套动作：一行敬礼，二龙相会，三星栽富，四季发财，五子登科，六位高升，七星高照，八仙过海，九长万代，十全十美。我重新编排的长鼓舞得到县专家的认同，都认为我这是原生态的打法。

一般说长鼓有两种打法，一种是"文打"，就是打得很斯文。我们的属于"武打"，更有力度，也更加具有表演性。为了更便于表演，我还把八仙桌加宽，增大跳跃面积，增强表演性。

中南大学使长鼓舞走出大山

改革开放之后，外出打工的人多起来了。随着年轻人不断外出打工，村子里学习长鼓舞的氛围没有以前浓厚了。大概 1990 年以后，大家就不怎么学长鼓舞了。

幸亏有了中南大学的帮助，长鼓舞获得了很好的发展机会。这事还得从 2006 年说起，中南大学舞蹈表演专业的伍彦谚老师带着学生们走进大瑶山，开展田野调查，对瑶族长鼓舞产生了浓厚兴趣。

从 2012 年开始，中南大学展开对江华瑶族自治县的对口扶贫工作，将抢救、挖掘和保护瑶族文化作为对口扶贫江华的重要切入点。中南大学有关部门、单位多次组织师生团队赴江华进行实践调研和文化采风，对江华瑶族长鼓舞的动作套路、道具、音乐、服装、民族历史等相关的资料进行整理加工及再创作，发表系列学术论文，设计出系列文创产品和文艺作品。

中南大学还在大圩镇设立了一个瑶族文化传承点，那天我们去了 4 个人表演长鼓舞，当时我还是市级传承人。最后他们找到了我，说他们来一次不容易，有 20 多个学生想学长鼓舞，所以希望我能去学校教他们。2016 年中南大学成立了长鼓舞舞蹈团，他们的社团指导老师伍彦谚邀请我参加，那一年我带着徒弟赵明远参加了成立大会，并表演长鼓舞。2017 年我受聘为中南大学瑶族长鼓舞指导教师，现在基本上每年都去中南大学上课，指导大学生学习长鼓舞，手把手地教，学习长鼓舞仅仅看视频还是不够的。他们还排练出长鼓舞体操，有专门的音乐、服装，用的道具是我们原生态的长鼓，数量很多。2018 年，中南大学成立的江华瑶族长鼓舞传承基地成功入选教育部首批中华优秀传统文化传承基地。伍老师还说，2022 年，计划和我签订一个国学基金协议，争取一点经费。

经过 10 多年的努力，中南大学长鼓舞研究团队整理出瑶族长鼓舞国家级代表性传承人赵明华表演的 72 套长鼓舞、我自编的 10 套长鼓舞、第四代鼓王赵旺生所创的赵氏长鼓舞健身操等舞蹈动作套路，形成了 5 万余字的调研报告，系统搭建了完整的长鼓舞动作体系。

近几年，中南大学多次组织师生来到江华采风，将瑶族的风俗、人情、文化等与广播体操充分融合，创作出长鼓舞广播体操，在全校推广。为中小学生和大学生编排长鼓舞体操，并组织比赛，传承文化的同时，提高孩子们的体质。在中南大学的帮助下，长鼓舞被改编成简单易学的长鼓操，在大圩二小进行推广，让同学们在锻炼身体的同时感受长鼓舞的魅力，更好地传承瑶族文化。长鼓操共有 8 节，分别是金鼓齐鸣、欣欣向荣、春晖普照、夏花绚丽、秋叶静美、寒梅傲骨、蒸蒸日上、旭日东升，由传统的长鼓舞的动作套路改编而成，每一节的动作设计都富有浓厚的瑶族气息。

⊙图 4-9　赵雄在中南大学传授长鼓舞技艺（赵雄　提供）

⊕图 4-10　中南大学创作的长鼓舞体操（赵雄　提供）

长鼓舞必须顺应社会发展潮流

随着社会的发展，我发现现代人学习长鼓舞的动机和需求发生了变化，应用场景也在发生变化。过去打长鼓就是为了娱乐、祭祀，现在打长鼓的需求变得多样化了。一是文化部门组织的节庆、调研活动需要进行长鼓舞表演，向领导、专家学者、艺术家、学生、嘉宾、群众等进行表演。二是景区揽客的需要。我们周围的 3A 景区宝镜村为了增加旅游项目，经常邀请我们去打长鼓。宝镜古民居有 300 多年的历史，现在是国家 3A 级旅游景区，游客比以前要多。宝镜村何姓居多，原来是从道县过来的，历史上出过一些人才，经济力量雄厚，每年农历十月三十日有个节日，比较热闹，会组织传统文化活动，我们组队参加打长鼓表演。三是民间需求，如过生日、盖房子、婚庆仪式等都会打长鼓。瑶族长鼓舞已经成为群众性文娱活动，逢年过节、庆丰收、拜寿等活动中常常跳起长鼓舞。

学长鼓舞，要有一定记忆力。10 套动作连打，不能出错，还要一定体力。开始的时候，不适应，打了几天，腰酸背痛，上楼梯腿疼。坚持三四天就会好转，具有健身作用。以前打长鼓主要是祭祀、祈祷、祝愿，现代人学习长鼓舞主要强调的是强身健体。一些公职人员空余时间也参与练习，有一个银行的副行长业余时间常来学打长鼓。

学习长鼓舞，没有年龄限制。在学习的人中，最近有一个趋势，就是女性比例在增加。学习长鼓舞的女性越来越多，这是新变化。在过去，打长鼓的一般是男性，现在女性多了，因为男性主要是外出打工，女性在家带小孩，有时间来学习。江华长鼓舞协会有成员250多人，男性只有50人。这次我到宁远实验中学教长鼓舞，他们一个班32人，一半汉族一半瑶族，男孩子只有10人，女孩子占多数。原来女性不上八仙桌，现在把八仙桌稍微改动，加宽一些，女性也上八仙桌了。

我觉得易地扶贫搬迁对于我们瑶族人民来说，是好事，改变了高寒山区的落后面貌，但同时长鼓舞的传承也面临挑战，长鼓舞的传承有喜有忧。

2013年，江华瑶族自治县探索启动了大锡乡、大圩镇和两岔河乡共16个高寒山区村易地扶贫搬迁工作。两岔河乡峻山村，因村落散布于海拔1600多米的峻山而得名。由于交通不便、信息闭塞、经济落后，贫困率高，属于高寒山区，自然条件恶劣，峻山村被列入易地扶贫搬迁范围。两岔河乡70%是瑶族，30%是客家人。两岔河乡那时候有4600余人，12个村，纯粹的瑶族村有6个。现在这边少数民族少了。12个村80%的人口出来了，只有庄稼村海拔不高，不符合搬迁条件，还没有搬迁。

我现在住在大圩镇集中安置区。安置区有广场、市场、医院、学校、民族活动馆等。60平方米的住房，我们自己出1万元，其余的由政府补贴了。刚搬来时大家有点不习惯，一两年后逐渐适应了。老房子周围还有田地，我会去种田。在家的话，每个月的初一、十五我要到老房子去点灯烧香。

我妻子在大圩镇横江村黑皮鸡枞菌基地打工做事，每个月收入2000余元。在家门口就业，顺带可以管管小孩，一举两得。这个工厂是横江村在扶贫后盾单位衡阳师范学院的帮助下于2019年底创办起来的。这个工厂解决了我们 20 多个贫困户的就业问题。鸡枞菌价格高，销售到广东等地。

我们这里还有瑶山茶叶，价格较高。清明节前后，收集、加工瑶山茶叶，我收了之后发往沱江，找人加工。这都是高山野生茶，根据工艺的不同，可以做成绿茶和红茶。通过差价，顺利的话，一个半月的时间，加工售卖茶叶的收入可以达到一两万元。

为了维持生计，我们自己也做长鼓。今年卖了几十对，上个月文化馆要了 20 对。上次去宁远教长鼓舞，我带了 4 对，结果被他们的老师全部要了，觉得我这个还不错。网上买的长鼓，是三节拼成的，两三年就打坏了，我们做的长鼓是一个整体，很难打坏。我们做的是原生态长鼓，用的是黑漆，个别的要求打光油的，还可以看出木头的纹路。

从山上搬下来后，我们的生活方式发生了很大的变化。医疗、卫生、教育、住房、生活习惯等改变了很多。附近办了一些工厂，村民可以去打工，虽然收入不多，但是可以顺带小孩、照顾老人。以前安全问题很突出，我们那个村山势险峻、岩石裸露，有的坡度达到了 60 度，加上林区暴雨集中，经常发生泥石流、山体滑坡等地质灾害。地质灾害多发，一下雨就紧张，特别是担心山体滑坡。现在不需要操心。开始有人不习惯，闹着回去，一年两年之后，就不想回去了，第三组的田地基本荒了，第一、二组还有人回去种地，还有老房子在。老人家不会骑车开车，回去也难。也有人走路回去的，算是散步健身。

我们搬到大圩镇后，打长鼓的又少了。城镇生活方式跟我们在乡下时不一样，有的居民觉得太吵闹，不喜欢长鼓。长鼓舞是我们瑶族人的灵魂和精神所系，我们有义务把它传承下去，因此必须要想办法。

可惜我的两个孩子都没有学打长鼓。女儿比较胖，生下来个头就比较大，不太合适学。现在大孙女学了一点，有时候也带她出去参加小型表演。

村里面，正月的时候年轻人回来了，会学一下长鼓舞，第二年回来又不会了。现在年轻人回家过年打长鼓的不多了，打麻将、打牌、玩游戏的越来越多，这些习惯总归还是不好的。

我目前收的比较好的徒弟有 6 个：赵富财，50 多岁；赵明元，50 多岁；赵三勇、李根江，40 多岁；李宏富、李宏强，30 多岁。

保护与传承长鼓舞是我们瑶族人的历史责任

长鼓舞是我们瑶族祖先留给我们的珍贵财富，现在是国家级非物质文化遗产，把长鼓舞传承与保护好是我们瑶族人的历史责任。作为一名非遗传承人，我必须承担起这样的一份社会责任。

我这几年活动比较多，参与很多节庆活动，为很多领导表演长鼓舞，接触了很多学校的调研专家、教授，担任中南大学的长鼓舞社团的指导教师。省城长沙市的芙蓉区和雨花区我都去表演过。长沙有个专门卖瑶药的老板，原来是零陵制药厂的厂长，邀请我去表演长鼓舞。两个月，我在长沙的街道社区表演瑶族长鼓舞，他就在旁边卖瑶药，专治痛风的。

学校方面，我今年接待过衡阳师范学院、湖南大学、湖南师范大学、华南师范大学、广西师范大学等 8 所高校的学生和老师，有时还进行表演，讲解长鼓舞。有一次我去了宝镜村，为衡阳师范学院和湖南师范大学的师生打长鼓舞。我有一次是一天就打了40套，一个一个动作录下来，那天很累很辛苦，没有一点体力是吃不消的。

成都是我传承长鼓舞去过的最远的地方。2019年，我到四川参加成都国际非遗展。当时县里去了两个人，我一个，县歌舞团有一个。当时我们有两个任务：一是制作长鼓，带了半成品去现场制作完成；二是两人一起表演长鼓舞。

2020年，广西金秀县举办第十六届瑶族盘王节，江华组队12人参加表演，6男6女，我也参加了。13个瑶族县，两年一届盘王节，明年在云南河口瑶族自治县举办。

2021年3月，江华瑶族自治县大圩镇举办"美丽家园 同心向党"文艺会演，庆祝中国共产党建党一百周年。我和国家级非遗传承人赵明华同台演出。江华曾举行规模较大的长鼓操比赛，邻近的蓝山、新田、恭城等县当年也相继组织过。

现在生活方式的变化很大，进城务工的人多了，打长鼓的人急剧减少。为了传承好长鼓舞，我认为今后要做好四件事情。一是非遗进校园，从孩子们开始培养。我每年至少去一所学校教长鼓舞。二是做好传承人的培养。女性也可以学。三是四种鼓要齐备。我们要买一个赛鼓，和长鼓、圆鼓、腰鼓一起来练习、演出。四是长鼓舞72套动作要整理好。除了开始和结尾的2套，其他的70套要每10套10套地练好录好相。

我觉得，打长鼓可以加强民族地区人员往来，相互参加活动，促进民族团结。我们去广西等地唱山歌，广西人过来和我们一起坐歌堂。带头人很重要，一定要有人来组织。每家一个人参加，也不是要每个人都会。隔壁的庄稼村现在也发动起来了，每家捐一点钱，大家一起舞龙舞狮，唱瑶歌，打长鼓，这才是真正的瑶族兄弟一家亲。

第五章

棕包脑

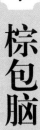

从小立志传承瑶山文化的舞者：戴昌路

访谈时间：2023 年 2 月 22 日

访谈地点：洞口县长塘瑶族乡老艾坪村戴昌路家

访谈对象：戴昌路

访 谈 者：文桂芳　魏建中　姜莉芳

访谈手记：从小立志传承瑶山文化的棕包脑舞者戴昌路住在湖南省洞口县长塘瑶族乡的瑶山深处。我们通过隆回非遗保护中心的廖主任找到洞口非遗保护中心的袁主任，袁主任帮我们联系到戴昌路老师。天气有点阴冷，我们采访组一行三人，上午八点多从市里出发，下了高速后，一路上山路蜿蜒曲折，我们小心谨慎地驾驶着小车，丝毫不敢分神。历经两个半小时，到达洞口县长塘瑶族自治乡老艾坪村。这里四面环山，中间有一条河，山清水秀。戴昌路老师的家在山脚下，屋后是一片茂密的树林。戴老师在家门口等我们，看到我们到来，邀请我们先去参观棕包脑舞展示馆。棕包脑舞展示馆位于老艾坪村村级文化活动中心，由湖南省平溪江旅游开发有限公司具体打造。馆内不仅用图文详细记录了棕包脑的历史渊源和世系传承人的相关资料，还陈列了棕包脑的相关服饰、瑶族同胞刀耕火种时期的部分珍贵文物，以及"雪峰山会战"中瑶族人民抗击侵华日军的一些文物。看了大概一个小时，我们回到戴老师家里，开始了访谈交流。

戴昌路，男，1962 年 10 月出生，瑶族，湖南省洞口县长塘瑶族乡老艾坪村人，国家级非物质文化遗产代表性项目棕包脑国家级代表性传承人，第六代棕包脑传承人。他全面、系统地掌握了棕包脑的整个套路和技法，并通过整理、研究、演出和带徒等工作，对保护、传承、发展瑶族这一传统的非物质文化遗产做出了积极贡献。受长辈熏陶，戴昌路从小就立志要把棕包脑舞发扬光大。他拜棕包脑第五代传承人丰

⬆图 5-1　戴昌路（魏建中　摄）

保连为师，全面系统学习跳棕包脑。他经常深入大山观察植物形态，模拟动物动态，在生活中研究劳动场景，通过师傅的指点传授和自己的勤奋努力，很快就熟练地掌握了棕包脑的主要表演动作和表演技巧。到 30 岁时，他在县内的村村寨寨和外地舞台表演棕包脑 100 多场次，赢得了好评和赞誉。经过多年的学习，他能轻车熟路地表演经典棕包脑，并在经典的基础上结合现代社会的特点有所创新。他多次参加文艺会演、文化遗产展演活动，为瑶族文化的传承发挥了极为重要的作用。

项目简介

棕包脑是国家级非物质文化遗产代表性项目，是一种古老的瑶族祭祀舞，因舞者用棕片包住脑袋而得名，主要发源于雪峰山腹地的洞口县长塘瑶族乡老艾坪村，至今已有近千年历史。棕包脑主要流传在洞口县长塘瑶族乡、罗溪瑶族乡、月溪镇等地区，是瑶族山寨的重要文化遗存，于2014年11月被列入第四批国家级非物质文化遗产名录。棕包脑具有人物、对白和简单的故事情节，并有固定的表演程式，以近似戏曲的写意、虚拟、假定等艺术表演形式，展示了瑶族先民不畏强暴，与大自然顽强抗争的刚毅性格，既有舞蹈的特征，又具戏剧的色彩。棕包脑诠释着远古瑶族人民独特的祭祀及孝道文化，但由于深藏大山，一直充满着神秘的色彩。棕包脑表演的是古老的神话故事，山神送吉祥、财神送宝之类，寄托着瑶族人民的美好愿望，其不仅是瑶族人民的重要文化遗产，且已成为瑶族文化的重要符号。

棕包脑形式古朴，内涵丰富，主要有三个代表性特征。第一，古朴原始的表演形式。表演者使用棕片包头，用棕叶披身，腰上系着万年常青藤，以简单的摆首、扭腰、甩臂、舞棍、顿步、跺脚等肢体动作，再现了瑶族先民迁徙、狩猎、刀耕火种的生活场景，具有简练干净、粗犷有力的特点。作为梅山文化圈的代表性民俗舞蹈，棕包脑的表演形式非常古朴。第二，丰富的文化内涵。棕包脑通过一系列的肢体动作，展现了孝子不断寻母、艰难救母、持续尽孝的故事情节，表现雪峰山地区瑶族先祖不折不挠、勤劳勇敢、不畏豪强的坚毅性格，弘扬了中华民族百善孝为先的精神品质，是民俗文化的一块瑰宝。第三，原真性的保留。棕包脑主要流传于方圆百余公里的雪峰山腹地。作为瑶族的传统聚居地，雪峰山腹地山高路险，环境闭塞，至今仍保存了舞蹈的原真性，对舞蹈深层次的内涵几乎完全保留。①

---

① 周晓岩. 湖南洞口县长塘瑶族乡瑶族棕包脑舞蹈考察记［J］. 艺术评鉴，2017（21）：92-94.

难忘的学艺岁月

我叫戴昌路，瑶族，高中文化，是湖南省洞口县长塘瑶族乡老艾坪村人，第六代棕包脑传承人，第五批国家级非物质文化遗产项目棕包脑代表性传承人。我一家四口人，一个儿子，一个女儿，儿女都在县城工作。我出生的地方洞口县长塘瑶族自治乡位于湖南省洞口县西部，地处雪峰山腹地，很偏僻，居住着瑶、汉、苗、侗、回等几个民族，其中瑶族人口占总人口的94%。这里自然资源丰富，山清水秀，景色宜人，是旅游览胜的绝好地方。

我记得小时候，什么娱乐都没有，除了帮父母干活，就是几个小孩子瞎玩。小时候最盼着过年，因为过年就有好吃的，就有很多好玩的。小时候，我们也不知道什么是棕包脑，也没觉得有什么很值得保护的地方，就是觉得好玩。春节都会有棕包脑表演，记得我师傅每年春节都会在我们长塘瑶族乡老艾坪村的寨子里表演棕包脑，这是我们的习俗。棕包脑舞者只要到一个地方表演节目，就会受到村民的热烈欢迎，每次看表演的人很多。因为我那时还很小，几岁的样子，平时很少能看到外面的人，过年时看到这么多人，还穿得奇奇怪怪的，我就觉得很新奇，就会跑过去围观，还跟着他们一起跳，慢慢地我就学会了一些基本的动作。我感觉棕包脑有一种神秘原始的美，开始感兴趣。我10岁开始跟师傅丰保连学棕包脑，当时只是学一些基本动作，偶尔上场表演。后来师傅成了我的岳父，是一家人了。师傅以前一直信奉棕包脑传男不传女、传内不传外的思想，后来随着社会的变化，传承棕包脑的老艺人越来越少，他老人家这种思想慢慢放开了。2015年，他正式招收了我这个女婿，让我成为他的弟子，成为第六代棕包脑传承人。他11岁大的重孙丰志明也成了传扬者，师傅希望有更多的年轻人能将棕包脑舞传承下去。

我师傅丰保连是我们这个地方很有名的棕包脑舞者，他只有几岁的时候便开始学习棕包脑中的凳术，20岁开始棕包脑的表演，传承这一古老的艺术形式80多年。他曾经和我们讲起关于棕包脑的起源和传递的意义，认为它是为了驱赶鬼神、祈祷丰年。他还说起棕包脑有另外一个作用。过去，老艾坪村因为偏僻，又加上经济贫困，很多男青年娶不到媳妇，他们会跳棕包脑去取悦女方的父母，这样慢慢形成了一个习俗。而现在，棕包脑更多成了村里人的一项文化活动、一种精神支柱。师傅经常和我们讲起过去他自己师傅的故事。在1945年湘西雪峰山大会战中，他老人家的师傅第四代棕包脑传承人丰罗汉率领几位徒弟，用棕片包着脑袋，在丛林中与日寇展开生死搏斗，击毙五名日军。现在我们村的陈列馆里还陈列着一些当年抗日的文物。我师傅经常强调要学棕包脑，先要学做人，学做一个爱国爱家、勇于担当的人。

师傅对徒弟学习要求很严格。棕包脑既是一种舞蹈，也是一种武术，对人的身体素质要求很高。只要会棕包脑的人都会武术，我们这种艺术融舞蹈、武术于一体。跳棕包脑时，对人的武术功底要求很高。在过去，每年春节，有一个习俗，我们耍着棍到村里各家各户去拜年，耍完棍后，主人会高高兴兴地把事先准备好的糍粑送给我们，表示敬重。接到糍粑后，棕包脑舞者要端棍向主人行一鞠躬礼，出门再去下一家。但在进门时要防备一个很重要的事情，如果头上的棕片被人掀下来，问题就很大了，预示着这家人一年都会倒霉，于是舞者便要跟主家道歉行礼。为了慎重，也为了保护好自己，并受到主家的尊敬和欢迎，我们必须提高自己的武术水平。所以每年师傅都会带我们抽时间到山上练习武术，主要是在农闲时间，进行扎扎实实的练习，带上口粮，一练就是一整天，山上的空地、田间地里都是我们练习的场所。专家们都认为，我们的整个棕包脑表演比较粗犷雄武，看起来是跳舞，实际上是表演武术功夫。我们跳舞时要手提棍棒，屈膝深蹲，手上的棍棒不断飞舞，就像《西游记》里面孙悟空耍金箍棒一样，敏捷有力。下蹲的时候，扫棍、挑棍；转动的时候，挖棍、挠棍；立时，顶棍、劈棍。可以说，一招一式都有板有眼，是实打实的真功夫，一进、一退、一折、一转，不断呈斜线移动。

棕包脑的主旨是宣扬孝道文化

棕包脑主要流传在雪峰山腹地邵阳市洞口县的长塘、罗溪、月溪、渣坪等地和周边隆回县、怀化市的少数偏远瑶族居住区。棕包脑具体从什么时候开始的，谁也说不清，有专家考证历史，清道光二十九年（1849）邓显鹤编纂的《宝庆府志·五行·武功》记载："宋熙宁五年（1072）开梅山，瑶人以棕包脑装扮鬼神袭官军。"可见棕包脑已有近千年的历史，实际上可能更久远。很多专家都认为，对棕包脑的发掘和传承，除了对我们现代人追索探讨古代瑶族舞蹈的渊源、发展、演变有重要意义外，也对研究古老的梅山文化和傩文化具有重要的参考价值。

作为民族珍贵的古老遗产，棕包脑弘扬和传承的是中华民族"百善孝为先"的大爱美德。为什么这么说呢？因为我们这个地方流传着一个关于棕包脑的神奇而又美丽的传说。在很久很久以前，我们这里的长塘山上住着位美丽的瑶族女人，一次在山上采摘山果时，她被凶恶的山鬼掳走，再也没有回来。她的家里人非常痛苦，她的儿子发誓要打败山鬼，救出母亲。这个儿子长大后，开始营救母亲的计划。他拜梅山祖师张五郎为师，苦练擒鬼除魔的本领。为了不让山鬼察觉，他想出了一个办法，用棕片包脑，腰扎万年常青藤和棕叶，隐身山林，经历千辛万险，终于在三峒梅山的帮助下，彻底打败山鬼，救出母亲。这件事很快传开了，大家非常感动。后来为了颂扬和纪念这位瑶族青年寻母救母孝母的大爱美德，瑶族后人每年正月十四和十五都要举行隆重的祭祀仪式，跳起快乐的棕包脑，歌功颂德，祈福生活。这个故事里有深刻的梅山文化，祭祀的味道很重。棕包脑用古朴的祭祀舞语境，通过寻母、救母、孝母的故事情节，表现雪峰山地区瑶族先祖勤劳勇敢、不畏强暴的坚强性格。我们雪峰山腹地的瑶族先民，一直传承着用棕包脑祭祀祖先的传统，从未断绝。也有专家说，棕包脑记录了母系氏族时期瑶族先民与大自然作斗争的经过，是研究人类历史进程的重要佐证。

还有一些专家认为，棕包脑这样的原始舞蹈，有着"活化石"般的文化内涵，在今天仍具有不可估量的史料价值和学术价值，值得好好保护和深入挖掘。首先，在艺术功能价值方面，棕包脑具有独特的表现形式。棕包脑舞蹈是一种很有特色的综合性艺术表演，集仪式、舞蹈、民俗于一体，通过贯穿始终的齐眉棍敲击的节奏，控制舞蹈速度和动作的变化，引导舞蹈者进行表演。其次，棕包脑具有非常独特的审美价值。从物质文明方面来看，棕包脑舞者表演时穿的都是瑶族传统服装，民族特色非常浓郁，是瑶族服饰文化的典型代表。从精神文明方面来看，由美丽的民间故事演变而来的棕包脑舞蹈，传递着中华民族最为重视的孝道之美。最后，在伦理道德价值方面，棕包脑也体现了自己的特色。在流传近千年的故事里，古代瑶族青年通过认真习武、头戴面具、上山打败怪兽最后安全救出母亲，整个故事都说明棕包脑的主旨是宣扬人类最基本的伦理——孝道。棕包脑通过舞蹈艺术宣扬瑶族尊老、爱老、敬老的传统美德，使之在瑶族村寨中代代相传，在今天依然发挥着重要的教化作用，值得发扬光大。

极具原始风情的棕包脑

棕包脑的形式风格很独特，体现为古朴大方，极具原始风情。一些专家认为，棕包脑舞蹈带有原始舞蹈的鲜明特点，舞蹈具有随机性，无须进行严谨的编排，但又万变不离其宗。从我们佩戴棕片制作的假面具来看，可能有古代傩的遗存，与湖南湘西土家族的祭祀舞蹈毛古斯有些相近，可能在古代有亲缘关系。我们最突出的特色在于服饰的风格，表演者都用棕片包裹头，肩披本地的棕衣，腰系本地的万年常青藤，手执木棍，这在其他地方很少见。

表演棕包脑的人数一般1—20人不等。我们目前棕包脑表演队的成员只有8—9位。人员数量很少的原因，一是选择棕包脑传承人的条件很严格，候选人必须要尊老爱幼、人品端正、家庭和睦，还要有奉献精神；

二是现如今的年轻人很多都出去了，在城市打工赚钱，很少待在家里，所以愿意学习棕包脑的人也越来越少。一般表演前，成员到齐，我给他们布置任务，说明表演路线等相关事宜。简短碰头结束，大家各自散去，开始换服装。换服装是要到山上，或者屋子后面等比较隐蔽的地方，绝不可以让别人看见。换好服装后，尤其戴上棕片缝制的面具后，表演者便是"财神"的化身，绝不能与人有言语的交流了。在我们的观念里，戴上面具即有神圣感，摘下面具便是普通人——普通的瑶族群众。所以，棕包脑表演者戴上面具后，一律噤声，一方面表达对神明的敬畏，另一方面表明表演者不是人们平时熟悉的某个人。正是通过噤声这个重要条件，让表演者全神贯注、心无旁骛地表演，达到物我两忘、人神合一的目的。棕包脑舞者的棕片面具、传统的瑶族服饰，以及腰间所系的常青藤枝条等都具有特殊的意义，都是棕包脑舞者神圣身份的象征，是人、神身份转换与区别的重要标志。

我们来聊聊棕包脑表演时的程序。完整的程序一般分为预备活动、祭祀、单棍表演、双棍表演、凳术、梅山倒立、驱山鬼打野兽、庆祝等几个大段落，表演者手舞棍、口吆喝，粗犷雄武，每个段落细节繁多。第一步，预备活动。先祭拜棕包脑已故的前四代师傅，整个仪式，一般只有我一人。开始做棕包脑表演的各项准备。参加棕包脑表演的人员，需要穿好瑶族传统布褂、裤脚边上刺绣花纹的直筒裤子，头戴棕片缝制的棕包脑面具，手持1米出头、直径4—5厘米的木棍，先一起做送财神的棕包脑表演。第二步，祭祀。祭祀时，首先在场地中央摆一张方桌，奉上糍粑、水果等供品。等香烛燃起，我们的瑶族老阴师朝天吹响牛角，声音十分嘹亮，棕包脑舞者开始持棍顿地，在吆喝声中慢慢前行，而后挥棍迈步，半弓着躯体，双手握棍作揖，整个过程十分虔诚。第三步，单棍表演，这一步气势宏大。棕包脑舞者执棍而立，用力前劈后勾，左右打击，吆喝声四起，山谷震荡。第四步，双棍表演。两个棕包脑舞者握棍对立，你攻我防，互相巧妙配合，棍棒噼啪作响。第五步，凳术。这一步对武功要求很高。表演中，棕包脑舞者需要很大的手部力量，因为要手握长条凳，挥舞旋转，前推后挡，呼呼生风。第六步，梅山倒立。

这一步体现了梅山功夫。棕包脑舞者双手着地，来回倒立行走，动作相当有喜剧感。第七步，驱山鬼、打野兽。这个阶段是大场面，气氛紧张激烈，如同山洪袭来，奔腾直走，势不可挡。第八步，庆祝。舞者和观众一起庆祝。舞蹈最后在庆祝中圆满谢幕，棕包脑舞者踏着鼓点，围着篝火载歌载舞。

再谈谈我们瑶族春节跳棕包脑送财神的风俗习惯。这个风俗习惯有着悠久的历史，体现了浓郁的瑶族风情。我们一般在每年农历正月十四和正月十五跳棕包脑，举行送财神的表演活动。大家在喜庆的气氛中走村串寨，通过特定而又十分有趣的舞蹈形态，寄托人们对美好生活的愿望。在整个过程中，我们是走由远而近、由外到内的路线，先邻村再到自己村。第一步，礼敬财神。在空旷的村寨广场上，我们的棕包脑舞者开始敬财神的表演。一般七个人围成一个圆，中间有一个人进行单人表演。中间的表演者精神饱满，做好准备后，深吸一口气，手持齐眉棍，双腿岔开，比肩宽一点，呈外八字，蹲马步，时而深蹲，时而一条腿斜蹲、一条腿伸向斜前方。这个过程很耗体力，同时双手举过头顶，挥舞齐眉棍，指向左斜方、右斜方，一气呵成。围成圆圈的舞者们在旁边站着，左手自然下垂在身体左侧，右手紧握齐眉棍，用力在身体的右前方敲击地面，始终是 "✗ ✗ ✗" 的节奏，铿锵有力。接着是双人表演，四个人分成两组，做双人表演，这完全是武功表演。两个人用齐眉棍对打，主要动作就是进攻与防守。舞者的腿上动作以马步为主，双手紧握齐眉棍，时而进攻，时而退守，这时的舞者就是武者。他们持棍向前，左低右高，左高右低，周而复始。第二步，恭送财神。表演结束后，我们排成一个长队，朝着远处的寨子走去，准备挨家挨户给主人送财神。我们雪峰山地区的瑶族将棕包脑视为吉祥如意的象征。每当棕包脑舞队到家门口时，家里的男女老少都会出来热情接待，大家口称财神爷来了！而舞者并不答话，只是左手提棍，伸出右手的拇指与食指做一圆形，做几个特殊手势，示意需要粑粑。这时主人便说："要粑粑可以，请你耍套棍好吗？"队伍中一般由一位水平比较高的舞者点头答应，然后大步踏进堂屋，用力耍起棍来，用心地表演一套单人动作。当舞者耍棍结束后，还要举行一个仪式，那就是分别朝着东西南北四个方向双手伸直，举棍在自己胸前，面对四方上下隐形的财神作 90 度的深鞠躬，为这家的主人迎来四面八方的财神。舞者四面拜完，迎神结束，出门回到队伍中。这时候，主人加倍地给舞者赠送粑粑，以表酬谢。简单而又神圣的动作加上主人的喜悦之情，真实地表现了人敬神、神佑人的关系。在这个过程中，神、人的真诚交流全靠人的肢体动作与眼神来完成，没有语言和其他声音，这也算是我们棕包脑祭祀舞蹈的特色之一。第三步，财神退位。表演队伍撤离。舞者们在村里转完一圈，"送财神"的活动已经完成，棕包脑表演也就结束了。队伍回到自己村，准备为自己村子的人家送财神、送吉祥。

发展、推广棕包脑，促进当地旅游

新中国成立后，棕包脑取得了很大的发展。我们简单梳理一下历史。在 1953 年邵阳专署民间艺术会演和 1956 年湖南省首届农民艺术调演中，棕包脑分获一、二等奖。在 1984 年湖南省民族民间舞蹈调演中，棕包脑获优秀奖，入编《中国民族民间舞蹈集成·湖南卷》。2015 年 10 月，我们参加了"楚风湘韵——两岸民间乐舞专场演出"，在台湾开展为期一个月的展演交流活动，在我国台湾地区各大舞台把远古的祭祀、习俗通过歌舞表演出来，这次表演展示了我们瑶族的特色风情和湖湘文化的独特魅力，为我们的棕包脑走向世界铺了一块垫脚石，也使洞口长塘瑶族乡出了名，我们的这次活动也被多种语言印进不同的宣传册里。

2002 年，因为组织的信任，我担任了老艾坪村村长（村主任）。在工作中，我想方设法传承发展棕包脑，从外面争取各种资源。2018 年 6 月，在湖南省平溪江旅游开发有限公司的大力支持下，我们村建成了棕包脑舞展示馆。这家公司的董事长赵保平先生很有情怀，一直致力于棕包脑的开发与包装，曾先后数次组织带领演员们登上广东卫视春晚及湖南卫视春晚舞台，为外界接触、知晓及有效包装、推广棕包脑打下了坚实的基础。我们也邀请了央视《星光大道》冠军歌手谢艺做我们棕包脑的形象大使。作为文艺工作者，谢艺很喜欢棕包脑，他正在着力挖掘和整理我们当地的瑶歌，他很希望洞口的棕包脑能被更多的人知晓，让更多的人接受并喜欢，更希望把原生态的、接地气的棕包脑与现代艺术结合起来，让它走向更大的舞台。

很多上级领导对我们洞口县唯一的"国"字号非物质文化遗产的传承与发展高度重视，大家都一致认为要充分挖掘棕包脑这一重要的文化要素，让瑶族文化走出山区。在工作中，我们通过招商引资的方式，将村里的基础设施尤其是通组公路建设好了，努力把我们这个地方发展和打造成雪峰山文化旅游胜地。尤其是我们以棕包脑舞展示馆的建成与开馆为契机，组织了一些活动，更好地传承和发扬了瑶族优秀传统文化，让棕包脑走上更大的舞台。这也吸引了一部分客人前来瑶乡旅游探秘，我们借此向游客展示瑶族同胞独特的民俗文化和孝道文化，推动了长塘瑶族乡乡村旅游的有序发展，促推了瑶乡在新时代脱贫致富。我们乡打算复兴升级版的瑶乡农耕文明，不断拓宽从"绿水青山"到"金山银山"的转换通道。我所在的老艾坪村原来是"湖南省级贫困村"，因为景美人和及棕包脑的名声，来这里观光旅游的"外地客"也多了起来，我们长塘瑶族乡的一部分老百姓也慢慢地吃上了"旅游饭"。

我家的收入来源包括瑶药种植买卖、蜂蜜生产、特色产品神仙豆腐加工，以及棕包脑传承展演等，在旅游的推动下各项收入也有所增加。我们这里有瑶山甜茶，价格合理。清明前后，收集、加工瑶山茶叶，有很多人上山采茶，我有时候也收一些，自己加工。这都是高山野生茶，今天我们喝的就是甜茶，对身心很有益处。一些在异地打工谋生的瑶族同胞看到了商机，回乡创业。比如，有村民根据本地特有物种甜茶成立了公司，采取"公司+农户"的方式致力研发产业扶贫项目"雪峰甜茶"，带领贫困乡亲父老奔小康。我们脚下是改造的油砂阔道，大家都很注意卫生，随时到我们村里看，地上都很清洁。如今，大家认准绿水青山是个"金饭碗"，保护生态环境已成为我们村民的自觉行为。我们还利用山形地貌，搞山鸡、蜜蜂、竹鼠养殖，搞腊制品、猪血丸子等农副产品加工。当然，我们虽然在旅游上取得一些成绩，但是离理想的状态还差得远。目前，旅游还是没有真正做起来，没有形成大的生态。最初还有点热度，后来慢慢冷了下来，发展旅游还是任重道远。

合力推进新时代传承人的培养

说到我们瑶族棕包脑的传承，如今还是面临很多困难。一直以来，棕包脑在我们洞口县处于"官方热、民间冷"的状态。其实，早在 1953 年邵阳专署民间艺术会演和 1956 年湖南省首届农民艺术调演中，棕包脑舞蹈就分别斩获一、二等奖，可以说初露头角，前途无限。几十年来，我们的舞者先后到北京、台湾演出，也受到文化界的广泛关注，与土家族著名的祭祀舞蹈毛古斯并称为反映原始生活舞蹈的两朵奇葩。但是遗憾的是，与湘西的毛古斯近年在旅游业中创下的业绩相比，我们的棕包脑仍令人陌生。我们的旅游没有形成大的生态，所以棕包脑的表演很难常态化。只有正月十三、十四、十五这三天，在洞口县的长塘、月溪瑶族村寨，我们民间才会自发地跳棕包脑。与汉族元宵节的舞龙表演氛围很相似，我们一直流传这个习俗，棕包脑舞者在瑶寨里表演经过瑶家时，主人出来送糍粑以示敬重。其他时间，男人多外出务工，赚钱养家，自然没有时间跳棕包脑。

现在棕包脑传承很艰难，年轻人都不愿意学，认为学习棕包脑没有什么用，出去打工赚钱更实际。近年来，我们村掌握棕包脑的老艺人越来越少，年轻人大多数到外面打工赚钱去了，不愿意学习这项舞蹈，我们目前勉强找到附近一些跳广场舞的大妈大叔来学，这非常不利于这项民俗文化的有效传承，棕包脑濒临消亡。棕包脑还面临一个大问题，作为瑶族的重要舞蹈，它的传承主要通过我们传承人的言传身授，文献资料极少。由于没有完整、系统的文献资料库，所以舞蹈的教授只能通过师傅传授及年长者的回忆进行，不利于现代人的系统性传承。随着我们传承人年龄的增长和记忆力的衰退，一些动作、姿势和名称难免会产生偏差，这给后人完整地学习棕包脑造成很大的困难。所以说，对传承人的培养有待加强。传承人的培养可以说是非遗传承的核心问题，只有加大扶持保护力度，棕包脑的传承才能落到实处。棕包脑传承人有一定的特殊性，必须懂传统技艺、有献身精神，必须在同行中口碑较佳，而满足这些条件的传承人往往年过半百，难以长期稳定地培育新生代力量，导致传承人青黄不接。随着信息化、现代化社会的高速发展，人们的生活方式和生活理念发生巨大转变，普通群众很难接受棕包脑这种民俗舞蹈，尤其是 90 后、00 后。在年轻人眼中，现代舞蹈如街舞、拉丁舞等比较新潮，而棕包脑这种民俗舞蹈，较为过时和老土，这样的想法加快了棕包脑舞蹈的衰亡速度。

其实，新生代传承人的培养应多方合力一起推进，各个部门和社会团体都应发挥自己的作用，将棕包脑的传承列入重点工作之一，给予场地、资金支持。我对棕包脑舞蹈的传承发展提几点不成熟的建议。

第一，为解决村民思想认识和重视程度不够的问题，村、乡、县等各政府部门需要出台相关鼓励全民参与的政策。目前，我们的村民不怎么重视这项文化，需要参加一些活动时，我都是拿自己的钱给参与的村民发红包，没有一定的激励措施大家参与不积极。所以，希望政府部门出台一些鼓励措施。例如，每年举办固定的培训活动，放在农闲或过年前后，对参与的村民给予一定的精神鼓励和物质奖励。在没有生产压力的时间段里，鼓励大家学习传统文化，既可以丰富瑶族村民的农闲生活，又可以促进民族文化遗产的传承。平日学习形成习惯，遇到节庆等重大活动，很容易组成表演团队。尤其应在经济上做出专项预算，让所有参与传承的村民得到一些经济补助，调动村民的积极性，使村民主动参与本民族优秀文化遗产的保护工作。

第二，组织人员认真整理和完善棕包脑文献资料。棕包脑是生活在以洞口县为中心的雪峰山地区瑶族人民的重要文化遗存，对研究具有神秘色彩的梅山文化圈中瑶族民俗民风、生产生活和宗教信仰有重要的史料价值。我期待高等院校连同相关部门，对棕包脑的历史渊源、表现形式以及发展传承等进行深入研究，发掘其深层次文化内涵，整理和完善棕包脑文献资料，让棕包脑被更多的人了解。同时，组织专业人员分解棕包脑舞蹈人员的舞蹈动作并对其做详细说明，形成方便后人学习的直观性材料，方便对相关人员开展培训。还有，在村部和乡里建立档案记录保管室，保管相关资料，以更好地传承和发扬瑶族的舞蹈文化。

第三，在基层积极开展传承培训。因为我们国家级、省级、市级的传承人指标相当少，希望增加一些指标，让更多的人参与进来。我们要鼓励和支持符合传承人条件的中青年申报棕包脑非遗传承人，邀请高等院校相关专家及传承人对学员（尤其青少年人群）进行培训。我们也要积极开展棕包脑进校园、进讲堂、进展览等活动，让更广泛的人群接触到这项舞蹈，从而扩大棕包脑的受众人群，形成梯队化的传承队伍。附近的中小学应重视增设民俗文化课，通过课程的导入，让青少年增强对棕包脑文化的认同感，自发地传承棕包脑舞蹈。大家都认为传承工作要从娃娃抓起，但凡非遗保护工作做得好的地区，民俗、民歌、民族语言都是从孩子抓起的。我觉得，在我们附近的幼儿园、小学、中学课堂加入棕包脑民俗文化课程，培养孩子们对本民族传统文化的兴趣，这是完全可以做得到的。对瑶族舞蹈棕包脑开展研究与教学，必须深入基层。因为民族舞蹈起源于民间，在人们的日常生活、劳作中产生，表现了人们的劳动生活，只有深入我们的生活，才能真正领悟到棕包脑舞蹈的价值和意义。只有到人民群众的实际生活中去，才能不脱离群众去构建教学研究体系。同时，在进行棕包脑舞蹈的理论教学时，要根据民俗舞蹈的特有属性制订相关课程大纲，以期达到更好的传承效果。

第四，找准传统与现代的融合点，建立教学新模式。为了让更多的民众也能够看得懂、能够知晓棕包脑文化，就要考虑怎样将传统舞蹈改编成现代舞台剧目，用舞剧的形式讲述、宣传民族传统文化。在传承棕包脑的过程中，可以与大学舞蹈专业开展合作，建立联合培养基地，大力开展传承与教学的第二课堂，让舞蹈专业学生走进瑶族群众生活，最直接地感受棕包脑的魅力。另外，邀请棕包脑研究专家到学校开展讲座，邀请棕包脑传承人到学校进行舞蹈教学，传播先进教学理念，传承棕包脑舞蹈文化。同时，棕包脑线上传播渠道开发建设不足，传播渠道单一，微博、微信、抖音等平台很少有这项民俗舞蹈的宣传，宣传力度亟须加大。

春珠串出瑶家人的幸福新生活：盘财益

访谈时间： 2022 年 1 月 21 日

访谈地点： 江华瑶族自治县湘江乡田冲村盘财益家

访谈对象： 盘财益　盘玉金　盘玉德

访 谈 者： 谭世平　龙怡安　龙运荣

访谈手记： 2022 年 1 月，湿冷笼罩着整个大瑶山。临近春节，外出打工的瑶族同胞陆续回到了自己的家乡。我们课题组从江华瑶族自治县的县城沱江镇出发，在陡峭盘旋的山路上自驾 3 个多钟头，终于来到了省级非物质文化遗产项目串春珠的核心发源地——湖南省江华瑶族自治县湘江乡田冲村。省级非遗代表性传承人盘财益老人的徒弟盘玉金从电话里得知我们课题组前来访谈，早早在家等候。瑶族人非常好客、淳朴，在他们眼中，"来的都是客"。知道我们大老远地进山，弯多路窄，盘玉金还提前与山路上装木材的货车司机打好招呼，"城里来了几个老师，不要挡住了他们哦"。因山里信号不好，电话打不通，无法联系上我们，盘玉金甚是担心。见到我们安全到来，悬在心里的石头终于落了地，远远地把我们一行三人迎进了家门。

　　今年已经 94 岁高龄的盘财益老人因为前年不幸摔了一跤，造成骨折，已经不能正常行走，见我们到来，在徒弟和家人的搀扶下坐到了椅子上。由于盘财益老人年岁已高，听力衰退，说话吃力，他的两位弟子盘玉金和盘玉德在现场帮助翻译和补充，叙说着他学艺和传艺的艰难经历，言语中充满了对人生的感慨。

盘财益，男，瑶族，1928 年生，江华瑶族自治县湘江乡田冲村人，江华瑶族原生态舞蹈串春珠第二十四代传人，湖南省第二批省级非物质文化遗产项目串春珠代表性传承人。盘财益自幼跟随师傅盘财佑学习瑶族民间舞蹈，精通原生态舞蹈串春珠技艺，每年的农历十二月二十四到次年的正月十五，都带领徒弟走村串寨，用舞蹈的方式跳吉祥、跳如意、跳五谷丰登，以此来体现瑶族人民自尊、自爱、自强的精神风貌，营造团结、友爱、

↑图 6-1　盘财益

和谐的氛围。1989 年，盘财益参加江华瑶族自治县举办的新中国成立四十周年国庆文艺调演，荣获三等奖。2005 年，盘财益带队参加江华瑶族自治县县庆 50 周年文艺表演，荣获"热忱技艺、舞风传后人"奖旗。2006 年 12 月，盘财益带领徒弟等 17 人参加江华瑶族自治县举办的首届民族民间文化节并获得金奖。2009 年 9 月 26 日，盘财益带领徒弟们参加了永州市举办的新中国成立六十周年文艺会演，获得了三等奖。2009 年，盘财益被湘江乡人民政府授予湘江乡"瑶族舞师"称号。1986 年退休后，盘财益一直从事串春珠的传承活动，培养了盘玉金、盘玉德等一批新秀。

项目简介

串春珠又名跳九州，是流传在江华瑶族自治县瑶族及毗邻的道县瑶族地区的民间舞蹈，具有鲜明的民族特色和地方色彩，流传面广。2009 年被列入省级非物质文化遗产名录。它源于远古时期祭祀始祖盘王"奏档"——跳盘王活动中的"围档""串档"，是从远古乐神舞发展起来的

乐人舞蹈，后来逐步演变成瑶山村寨欢度春节时跳的一种集体舞蹈。

参加串春珠的人数要求12人以上，男女老少皆可。俗话说"一年之计在于春"，春天就像珠宝一样值钱。过完新年后就要抓住春天，串好"春珠"，盼望秋来有个好的收成。串春珠体现了瑶族人民渴望丰收的美好愿望。串春珠集器乐、舞蹈于一体，舞随乐动，形成了该舞蹈的基本特色。串春珠有"开锣鼓""收锣鼓"之禁忌。每逢农历十二月二十四（小年）才慎重地启用小鼓、小钵、大钵、抛锣、大锣、竹梆等各种乐器，农历正月十五后又要隆重地收起乐器。遇瑶族重大节日，如农历十月十六盘王生日，则烧香化纸请出各种乐器。大鼓一面立于场中的四方桌上，整个舞蹈的节奏快慢、强弱及舞蹈动作、队形的变换，均由击大鼓者统一指挥。大鼓一响，瑶胞从四面八方聚拢来，预示着一场热热闹闹的古老的民情风俗舞蹈即将开场。舞蹈开始之前要举行祭拜盘王仪式，俗称"开锣"，祭拜盘王后，由主法师带领鼓、锣等打击器乐手在厅堂内，围住四方桌跑2—4圈，此动作叫作"归龙"，然后带领队伍到室外空坪上表演，队形变幻无穷：搓串珠绳、觅春珠、串春珠、摆春珠、堆春珠、抬春珠、晒春珠……造型动作多种多样，有祭祀祖先的"拜盘王"，有祈求吉利的"拜四方"，有再现生活的"播种""插禾"，有模仿动物的"鸡公啄米""鲤鱼上滩"，有反映瑶胞安居乐业的"落地开花"，有体现瑶胞热情好客的"穿五角梅花"，有体现团结奋斗的"狩猎""凝结"，有体现丰收喜悦的"团圆"，等等。

串春珠舞姿古朴粗犷、山野味浓，迸发出一种勃勃向上的生机，表达了瑶族人民英勇彪悍、激昂热烈、庄严深沉的民族性格与精神，充分反映了瑶族人民不畏艰难困苦、不断辗转迁徙的历史，是瑶族人民长期山区生活的真实写照。串春珠参与面广，喜庆味浓，在走村串寨的表演过程中，增强了瑶族同胞的凝聚力和亲和力。

⊙图 6-2　盘财益在指导串春珠训练（龙运荣　摄）

都说是"世外桃源"，谁料世道如此艰难

我叫盘财益，今年 94 岁，是串春珠省级代表性传承人，1928 年农历十月初六出生于江华瑶族自治县湘江乡田冲村。湘江乡位于江华瑶族自治县东北部，距县城 100 多公里，全是盘山公路。过去，我们这里根本没有公路，也没有通车，外出全靠两条腿走路。我们很多瑶族人一辈子都没走下过大瑶山，没进过县城。

湘江乡东、南连水口镇，西接涔天河镇，北与道县、宁远县、蓝山县三县交界。湘江乡是大瑶山的核心区域，我家屋后全是深山。这里山林面积很宽，但是水田面积很少，每人不到 4 分（注：约 267 平方米）田。全乡共 6000 多人，瑶族占全乡总人口的 80%。我们过去主要是种植红薯、玉米等旱作物，都是搞刀耕火种，烧过一片山，种几年后没办法种了，就再去找下一片山。所以，我们又叫过山瑶，世世辈辈都在大瑶山里耕作。

我们这里取名叫湘江乡，是有缘由的。这里是湘江的主要发源地之一。湘江乡内的主要河流是麻江河和竹瓦河，竹瓦河是麻江河的主要支流之一，发源于腊竹岭村竹瓦组，流经樟木口村、坪冲口村，至湘江村并入麻江河。麻江河发源于庙子源黄龙山，蜿蜒而下，由北向南走，流经整个湘江乡，有百里长，最后与冯水、沱水等水系汇合为潇水，最后注入湘江。因此，我们这里叫湘江乡。

湘江乡森林多，自然环境好，山清水秀，很多人把这里叫作江华瑶族自治县的"世外桃源"。桐冲口、庙子源村还有很多原始森林。

我出生的地方叫作盘家组。这里的人都姓盘，都是瑶族。父母一共有三个孩子，我排行老二，上面有一个哥哥，下面有一个弟弟。我小时候家里很穷，大家都靠吃红薯、玉米、高粱过日子，根本吃不饱饭，穿的都是我们瑶家自己做的土布衣服。除了吃不饱饭外，我们还受到当官的欺负，当时到处都抓壮丁，实行三丁抽一，就是家里三个男人必须抽一个人去当兵。我们兄弟三个，我的哥哥被抓去当了壮丁，结果是一去无回，杳无音信。

出生在这个山里面，连饭都吃不饱，就不要谈什么教育了，能读几年书，开个蒙就不错了。我们几个孩子只读了几天的《三字经》之类的就帮着父母做农活了。那个时候是吃不饱穿不暖，过年能吃到肉就很不错了。还是现在的政策好啊，家家户户不愁吃不愁穿，孩子也可以在村子里上学。

我是死里逃生活下来的。我记得是十三四岁时，有一天正在田冲村打禾，突然不知道从哪里冒出了很多官兵，一把把我们抓住了。官兵都拿着枪看着我们，想逃也逃不掉。我知道这是被抓壮丁了，因为我的哥哥也是在干活的时候被抓走的。我们上午先是被押送到了枫木口乡政府，后来又被集中送到了当时的县城水口乡。我母亲慌了神，四处找人，急忙跟着找到了关押我们的地方。我母亲偷偷找到当班的官兵，给他们送了两个银手镯，然后我趁官兵假装聊天的机会溜走了，官兵因为得了好处也就没有追来。我算是捡到了一条小命。后来我问我母亲给官兵送了什么东西，才让他们放了我，原来是母亲把自己仅有的嫁妆首饰给送了。

为了躲避再被抓壮丁，我逃出来后，母亲再不敢让我在家干农活了。万一再次被抓到可就没机会逃了，当逃兵要是被抓到是要被枪毙的。母亲叫我逃到麻江源山里去，可我想如果我真的逃了去，一没吃的二没穿的怎么能活下来呢？唉，那能怎么办呢？要是被抓到就是要吃枪子啊。实在没办法，只好往山里逃。记得走的那天，我就回家简单收拾了下东西，连饭也赶不上吃，就带了几个糍粑，走之前朝着堂屋磕了好几个头，我好像看到我母亲躲在房里抹眼泪，可有什么办法呢？趁着时间还早，就撒开腿往麻江源赶去，一路上走的都是山路，道宽的地方都不敢去，生怕又被抓壮丁的抓去。

听说麻江源山里面有个锡矿厂，是当地的缴税大户，国民党抓壮丁的人一般是不敢去招惹的。我就这样逃到麻江源去挖矿了。

1949 年后，国家曾经在麻江源建矿厂，代号"七一八矿"，前前后后搞了 8 年，矿山基本建设都完工了，当时调集职工 1000 余人，准备投产。后来不知道什么原因，矿山在 1978 年关闭了。我那时候挖矿，是给私人老板挖，条件艰苦得很，每天的工资是一个铜毫，也就是一个铜圆。五个铜圆才能抵一个光洋，也就是一个银圆。

虽然我早就听同村的人说过，挖锡砂苦啊，在那待了几年的汉子都像被妖怪吸了精气一样。听他们说，天不亮就要下矿，从矿里出来天又是黑的，每天就只有一个馒头和一点咸菜，吃喝拉撒都在矿里，睡就睡在矿边的草棚里。可没有真正经历过，是不能体会到那份辛苦的。长期不见天日，弯着腰在地下挖，也没什么安全保障措施，就是把脑袋别在裤腰带上过日子，吃了上顿不敢想下顿。

好在幸运的是，我在矿上躲了 2 年的抓壮丁，解放军没多久就打过来了。我也脱离了苦海，获得了新生。

跳遍九州，民间舞蹈中的瑶族记忆

跳九州是流传在江华瑶族自治县及毗邻的道县瑶族地区的一种瑶族民间舞蹈，具有鲜明的民族特色和地方色彩，流传面很广，大家参与的积极性很高。

我们瑶族人的祖先是盘王。跳九州就是起源于远古时期祭祀始祖盘王的"奏档",跳盘王活动中的"围档""串档",是从远古乐神舞发展起来的乐人舞蹈,后来逐步演变成瑶族村寨欢度春节时跳的一种集体舞蹈。瑶族是一个迁徙的民族,听说我们的祖先是从遥远的黄河中下游不断迁徙到这里的。祖先走过了大地神州,为了纪念来时的路,才跳九州的。跳九州在《过山榜》上也有记载。听师傅讲,相传早在南宋时期,瑶族同胞为躲避官兵追杀,从千家峒逃出,准备漂洋过海,走南闯北过九州。我们中国不是叫神州大地嘛,也就是说古时候中国分为九大州。瑶族祖先在古道州举行了隆重的祭祖及聚会活动,在难舍难分之时,祖先吹起牛角,舞着长鼓,跳起九州舞蹈,通宵达旦。从此,瑶族便分散到宁远、江华、蓝山、江永等地居住。在《千家峒古本书》中确有这样的记载:"……官逼粮税,七十二计走为上计。……大德王九年三月十九日,众瑶人起脚出千家门楼来上桑木源。过了枫木凹下了云盖,来到道州浮桥,过了三日三夜不断丝。道州太爷差兵出来,取断浮桥,有一半转回九嶷山,有一半过了永明地界,妻离子散,看哭纷纷,回头一看云盖岭,眼泪流流,不舍分离。……"① 原本此舞是为纪念瑶族迁徙的艰难,后来才逐渐演化为一种自娱自乐的原生态舞蹈。

过去,跳九州流传的范围很广的,有瑶族的地方几乎都要跳九州。我们湘江乡的田冲、庙子源、坪冲口、婆婆源村及道县洪塘营瑶族乡的水洞田村等地,每到"耍正月"时都很盛行跳九州这个喜庆舞蹈。后来,随着社会的发展,跳九州的人越来越少了,到现在只在我们田冲村保存得最完整,并得以流传下来。现在政府很重视,把它列为非物质文化遗产,加强了保护。我们每年都要跳九州,还要传授给年轻人,使它不断传承下去。

跳九州是瑶族人民在常年的生产生活中对身边事物的观察模仿与再现,是瑶族人民在与贫瘠的自然条件抗争的生产生活中对劳动、丰收、

---

① 《过山榜》编辑组. 过山榜选编:瑶族重要历史文献 [M]. 北京:中国国际广播出版社,2016:197.

人畜、自然等的思考与对来年风调雨顺的美好的展望，是瑶族人民从四面八方迁徙到远离中央政权的大瑶山过程的再现。

跳九州，现在又叫串春珠，是申报非物质文化遗产项目时翻译的名字。有的说是我们瑶话里两者发音有点相同，有的说是因为我们的舞蹈里有很多动作像在串珍珠一样，所以取名串春珠。

跳九州风格古朴粗犷、山野味浓，以"悍美"独树一帜。粗犷的舞姿，表达出瑶族人民英勇剽悍、激昂热烈、庄严深沉的民族性格与精神。表演时，鼓手敲击大鼓发出节奏鲜明、力度极强的鼓点统一舞步。接着是一片小鼓、小钵、大钵、抛锣、大锣、竹梆声响成一片，声若雷鸣，又如虎啸，山鸣谷应，魄动心惊。竹梆是瑶族人守山时用来驱赶野兽的响器。当农作物遭到破坏时，瑶族人就会来到山上，敲起竹梆，驱赶来偷食的野兽。敲竹梆反映了我们瑶族人过去在山上劳动时吓唬野兽、驱赶动物不要糟蹋庄稼的真实情景。到了舞蹈高潮时，有阵阵"哟嗬！哟嗬！"呼喊，有姑娘小伙唱着瑶歌附和的，有吹奏牛角增加气氛的。

跳九州时跳、蹲、穿、转的动律与乐舞一体，鲜明地贯穿在舞蹈动作之中，形成了跳九州独特的舞姿。跳舞时，不论舞者还是观众都身着五彩斑斓、绚丽迷人的民族服装，姑娘们还要佩戴琳琅满目的金银首饰。舞者在场中，其余人围观，构成了一幅多彩多姿"花边式"的美丽图案。这更加激发起瑶族人民热爱家乡的自豪感。

跳九州参与面广，喜庆味浓。参与人数至少 12 人，多达数十人，男女都可以参与。我们都是走村串寨，每到一个村寨或一个家庭时，主家都会兴高采烈，走出村寨或家门放着鞭炮热情欢迎，迎进寨中家里盛情款待，喝酒、吃肉、互相祝福。然后，鼓乐齐鸣，鞭炮声阵阵，预示着吉祥和幸福。跳九州是我们瑶族人民友谊的桥梁、团结的纽带，让瑶族人民之间的关系更加融洽。

耳濡目染，拜师鼓王凤安泰

我记得小时候，什么娱乐活动都没有，除了帮父母干活，就是几个小孩子瞎玩。小时候最盼望着过年，因为过年就有好吃的，就有很多好玩的，我们瑶族人过年就走村串寨地跳舞。

每到过年的时候，我们瑶族人都要跳九州。我们这里还有一种说法，连续三年跳九州就等于安了一条龙神。龙在我们瑶族人看来，是很神圣的，给家里安了龙神后，就能祈求盘王保佑，四方神明保佑，消灾避祸，风调雨顺，五谷丰登，六畜兴旺。

我小的时候很喜欢参加这些群体活动。一是可以到周围的村寨里去玩，去看热闹，因为过去不像现在，娱乐的方式这么多。过去没有电视，也没有手机，只有大家在一起跳舞打鼓敲锣玩耍。二是跳舞过程中，还可以吃到很多好吃的东西。所以大家很高兴，很愿意参加。每到过年，我就跟着大人们去跳舞。

小的时候，我们也不知道什么是跳九州，就是觉得好玩。我记得凤安泰师傅每年春节都会来我们的寨子跳九州。他的徒弟也很多。因为我那时还很小，几岁的样子，平时很少能看到外面的人，过年时看到这么多人，我就觉得很新奇，就会跑过去围观，还跟着他们一起跳呢，慢慢地我就学会了一些基本的动作。

我 12 岁时拜了凤安泰为师傅。拜师有专门的仪式，要喝专门的拜师酒。我师傅是我们这里跳九州最厉害的，他是鼓手，能够很好地指挥和协调其他人的动作。鼓手在跳九州的队伍里起着核心作用，他的节奏感很强，协调能力很强，有威望，大家都听从鼓手的指挥。

跳九州的动作简单易学，一个晚上就可以把基本动作学完。跳九州最关键的是要跟随音乐的节奏跳动。跟着跳，慢慢就熟悉了。师傅传授的时候也没有资料教材，全靠口耳相传。跳九州参与性很强，寓意丰富且美好，无论是丰收节、盘王节，还是小年大年，我们瑶族人都喜欢跳。

跳九州除了有祈福保佑的用意外，还有娱乐的作用，还可以健身。

跳九州有一套讲究的规矩。一般是从小年开始跳，到元宵节就结束了。小年那天是"开锣鼓"，元宵节那天是"收锣鼓"。每逢农历十二月二十四小年，我们才郑重地启用跳九州的各种乐器。开锣时必须举行开锣仪式，拿公鸡、酒、香、纸钱到庙里敬告盘王。相传只有得到盘王的允许，我们才能跳九州。如果没有得到盘王的允许，是绝对不能私自动用乐器的。违者会受到盘王的惩罚，会招来各种灾祸。祭拜盘王后，由主法师带领鼓、锣等打击器乐手在厅堂内，围住四方桌跑2—4圈，此动作叫作"归龙"。然后带领队伍到室外空坪上表演，其余的人拿彩旗、红布条等物跟随碎步小跑。

农历正月十五后又要隆重地收起各种乐器，举行谢恩仪式，把乐器送还到庙里妥善保管。遇瑶族重大节日，如农历十月十六日盘王的生日，则烧香化纸请出跳九州的各种乐器，开始跳九州。

跳九州集器乐、舞蹈于一体。跳的时候，把一面大鼓竖立在场子的四方桌上，击打指挥。击大鼓者也称鼓手，必须是族中有名望而演奏技艺精湛又熟悉整个舞蹈的人，整个舞蹈的节奏快慢、强弱及舞蹈动作、队形的变换，均由其统一指挥。所有跳舞的人呢，都要身穿瑶服，头扎瑶巾，脚穿瑶鞋。参与人数至少12人，每个人都手拿乐器，有小鼓、小钵、大钵、抛锣、大锣、竹梆等。大鼓一响，瑶胞从四面八方会聚拢来，预示着一场热热闹闹古老的民情风俗舞蹈即将开场。

舞蹈的主要内容都是反映我们瑶族人的生活的。比如，最开始的时候，必须拜盘王，也就是祭祀我们的祖先盘王。拜盘王的时候，我们双手捧着乐器，合拢举过头顶，向盘王鞠躬。然后就是拜四方，拜四方的神灵，祈求东南西北大吉大利，祈求五谷丰登，祈求我们种出的粮食就像麻花一样那么多。接下来就是拜土地山神。我们瑶族人常年生活在大瑶山里，土地和山神保佑我们过平安的日子。因此，我们特别敬畏山神，不能轻易得罪山神。拜完各方神灵后，就是跳各种反映我们瑶族人生活场景的舞蹈了。有喂牲畜，有鸡啄米，有播种、插禾、积肥，有金鸡摆尾，有鲤鱼跳龙门，有鲤鱼上滩。还有表现瑶族同胞团结奋斗、像搓绳子的"凝结",有反映瑶族同胞知足常乐、安居乐业的"落地开花",有体现瑶胞丰收时喜悦心情的"团圆"。还有安龙神,很多人抬龙头,围成一圈。据说只有把龙神安好,才能保佑这一家一年万事顺利;如果没安龙神,或者龙神安得不好、不到位,就认为这一家人一年都会不顺利。舞蹈最后是"谢恩"收场。我的师傅教育我,每个动作动都要做4遍,整个舞蹈全部做下来要2个多小时。

当然,跳九州时长也不是固定不变的。人数多少不限,表演时间也就可长可短。舞时鼓响锣鸣,持钹者领舞,击着大钹围绕舞场走圆圈,随舞者在后依次而行,走成一个大圆圈。这时,鼓点锣声转为"咚咚叭,咚咚叭",领舞者引领大家慢步走之字形跳跃——"搓串珠绳"。搓呀搓,越搓越快,鼓点加急,大伙边跳边欢呼:"嗨!嗨!春珠。嗨!嗨!春珠。"待鼓声放慢时,舞步也由急转缓,轻松舒展。领舞者引着大家东南西北四方觅"春珠"。随着"口口口切,口口口喔"的打击乐声,手摆脚跳一步一步地觅"春珠"。每角走跳一圈为一珠,最后还原一大圈则为一大春珠。接着"喔咚喔、喔咚喔"的锣鼓声起,领舞者引着大家串"春珠",形成一个圆圈后再从中间穿过,这就是串珠,串了小珠串大珠,串完一个又串一个。春珠串好后,将春珠一排排地摆开,舞蹈者分成两组,相互穿插。摆了春珠堆春珠,又分成多组,每组一圈,在场上堆起来。还有"抬春珠""晒春珠"等,造型动作多种多样。

江华是全国瑶族人口最多的自治县,是"神州瑶都"。早在20世纪90年代,县里就开始搜集、整理民间传统的舞蹈了。1992年,《湖南省文化志》就对江华的民间歌舞进行了收集。作为江华人,作为非遗传承人,我有义务收集、发掘、整理、传承大瑶山深处的这些非物质文化遗产。2006年底,江华举办首届民族民间文化旅游节,我们把湘江乡田冲村的原生态舞蹈跳九州推上舞台,一举获得金奖,引起了强烈反响。后来,江华瑶族自治县文化部门收集、整理申报省级非物质文化遗产,把跳九州保护了下来,只不过改了一个名字,叫作串春珠。反正不管叫什么名字,大家跳的就是一个喜庆、一个团结,跳来的是五谷丰登,跳来的是我们瑶族人的幸福。

三生有幸，苦命瑶族人盼来新生

跳九州虽然寄托了我们瑶族人的美好愿望，但是在中华人民共和国成立前，我们瑶族人日子过得太艰苦，直到中华人民共和国成立，我们瑶族人才盼来了新生。我也从一个贫苦的瑶家少年慢慢走上了工作岗位。

1949年，解放军在我们这里的欧菜坪成立了农业协会，我还是第一个去报名的，虽然当时也还是经常吃不饱饭，但是解放军待我们太好了，解放军不愧是人民的军队呢。在农协的日子里，大家白天干农活，晚上学认字，唱红歌，还有解放军给我们讲解为什么要革命。后来在农协干了几年，我还被推荐为优秀青年呢。

1952年后，我担任庙子源村村长（村主任）、庙子源乡副乡长。1955年成立江华瑶族自治县，庙子源乡被撤。1956年撤区并乡，1958年成立水口人民公社，湘江隶属于水口人民公社。江华瑶族自治县人民政府成立了，虽然有很多南下的解放军就地成为县领导，但是大部队还要继续向南边行进，很多基层岗位工作人员不足。因为我是积极青年，又还认得点字，1955年组织就让我到信用社先当了个会计，但是那时候莫说会计是干啥的，我就连会计这个名字都没听过，去找人问了下，原来就是账房先生。后来我也就只能白天上班，晚上又去夜校学习怎么当好会计。那个年代啊，大家虽然吃不饱饭，靠吃些土豆啊、红薯啊、南瓜啊什么的来充饥，但没有一个人喊苦。

1956年，我下乡到桐冲口。1962年，组织调我去了农业银行，先是在水口营业所，后来是在贝江营业所，直到1986年退休。

因为我工作业绩可以，还一直做到了营业所主任，这在旧社会是想都不敢想呢。当时啊，有些人被旧社会放高利贷的搞怕了，以为我们是跟他们一样的，我们工作人员去拉存款的时候差点被打了，后来我们几个，也是瑶族同事，就翻了好多个山头跟人家沟通。最危险的一次，还好我们穿着瑶服，又带了点盐巴腊肉，不然人家还以为是土匪来了，一个个端着枪瞄着我们几个，差点就没命了。

"文化大革命"期间，许多传统的活动都被当作封建迷信禁止了，跳九州也被禁止了。

1986 年，我提前退休了。我回到农村干干农活，帮着老二带带孩子。我原本还有个女儿，可惜原来医疗条件差啊，一下子说没就没了，到现在也不明白到底是怎么没的。

传承非遗是我辈我族分内职责

1986 年，我退休后，改革开放轰轰烈烈地进行着。一些传统的活动又开始慢慢得以恢复，我们也是多年没跳九州了，很多人已经忘记怎么跳了，乐器也在"文革"中被收缴了，找不到了，只好重新置办。

跳九州真正重新红火起来是在 20 世纪 90 年代以后。改革开放后，大家的思想观念得到了解放，经济条件也有所改善，大家不再为生活所愁，娱乐活动也就多了起来。

2006 年，跳九州迎来了大发展。2006 年底，江华瑶族自治县举办首届民族民间文化旅游节。我们村的原生态舞蹈跳九州一举获得金奖。2007 年县委宣传部、县文化局、县民委、湘江乡政府都高度重视省级非遗申报工作，拨经费、派专人负责，大家积极性很高。大家在一起练了一个多月，上下午都练，一起吃中饭，乡里有专项经费支持，偶尔还吃一次夜宵。乡长和书记也很重视，县里有重大活动就会喊上我们参加，每年的盘王节祭祀活动我们都参加。每一次都是车子接送，住宾馆，发服装。后来，县文化局、乡文化站的好多人开车几个小时山路到我们这里收集资料，让我给他们表演跳九州，还给我拍了视频，要我多教徒弟，把跳九州继续传承下去。

2008 年，跳九州以串春珠定名，被列入湖南省第二批非物质文化遗产名录。我们当时是直接申报省级非遗的，成功后很激动啊，大家放鞭炮、敲锣打鼓地庆祝。

我有两个儿子，大儿子叫盘玉新，在农行上班，现在也退休了，平时住在县城里。小儿子叫盘玉旺，在家务农。我现在就是跟小儿子住的，由小儿子照顾我的饮食起居。我两个儿子都学习了跳九州。后来我的侄儿盘玉德和外甥盘玉金也跟着我学了，就是我身边的这两位徒弟。他们年轻人见过世面，学得可快了，没多久就可以一起跳了。

跳九州对收徒没有什么特别的要求，只要喜欢就可以，男女都可以学，动作也简单易懂，关键就是要多练习，要培养良好的节奏感，加强协调性，注意与大家配合，整体动作做到协调一致，这样才好看。因此，鼓手的作用很重要，必须掌握好节奏，能够指挥和协调大家。

盘玉金大鼓打得好，有气势，指挥得很好，得到大家认可。打大鼓的人，节奏感要强，协调指挥能力强，体力也要好，可以讲是跳九州中的核心人物。原来的大鼓是在角落里敲打，现在把大鼓放在场地中央，而且放在桌子上，人站着敲打，表演性更强。作为鼓手，平时还会主持农村的红白喜事，是主事人，安排大小事务，得到人们信任，有一定权威。

盘玉金现在是市级传承人。他中学成绩好，由于成分问题，没有机会读大学，很可惜。他后来曾担任组长、乡企业会计、水电站站长。退休后返聘到电站工作，有退休工资。

我现在年纪大了，跳不了了，主要是由我的两个徒弟跳了。盘玉金参加了很多活动，到很多电视台去表演过，去很多地方教人跳九州。

2013 年 9 月，我们的节目参加了在吉首市召开的国际鼓文化节展演，当时我们去了 9 个人。那次鼓文化节有 100 多人争"鼓王"，还有 23 支国内外鼓队交流展演，都是以国家级非物质文化遗产项目为主的鼓队，如贵州反排木鼓、吉林朝鲜族长鼓、广西壮族铜鼓等，还特别邀请了台湾的鼓队，还有"非洲鼓王"等鼓队参加。

2016 年，湖南卫视在庙子源村香草源搞直播，我们被邀请参加表演，向观众展示跳九州瑶族传统文化活动。大家觉得我们的舞蹈很热闹，很欢快，都非常喜欢。

历年的盘王祭祀、盘王节、县庆，我们都会参加表演，我们是县里的优秀保留节目。我们的节目还上过中央4套国际频道。

这些年，年轻人都到外面打工去了，有些去得远，过年也赶不回来，好多屋子的门就一直锁着，里面全部都是杂草，田也荒了好多，原来的好田现在都长满了草。过年有时候连10多个人都凑不齐，渐渐地也就跳得少了，听说隔壁村好多年轻人都不知道什么是跳九州了，那些能跳的人又都老了，可惜哦，要不是我这两个侄儿和外甥，我都不知道怎么办。近几年好多了，政策好啊，好多人都从外面回来了，我们这些老头子没事就带着孙子孙女一起跳九州，特别是村里小学还邀请我侄子去当老师，要不是我老了，我也想去。现在手脚也不像之前那么利落了，只能在家里看看孙子，我很幸运赶上国家大力发展非物质文化遗产的好政策，把我们民族的传统的东西保护起来，传承下去。

跳九州是我们老一代人的美好回忆，说起那时候的情景，大家都记得很清楚，都晓得。跳九州的流传地较为广泛，如湘江、水口、码市、贝江、未竹口、大圩、小圩、花江、务江、大锡等乡镇都有传习。我们周边很多村子如庙子源村、腊子岭村、道县洪塘营瑶族乡等地也有。后来，其他地方跳的人不断减少，逐渐淡化了。我们田冲村很幸运，在我的带领下，大家积极性还比较高，很愿意参加活动。有些人因为没有被邀请参加节目，还不高兴、有意见，"为什么不喊我，是因为我跳得不好吗？"2019年，我们村还举办过一次乡村文艺晚会，经费基本上是由外出打工人员捐赠，大家还是很团结的，期望建设美丽乡村。现在举办活动，如果有需要，我们也可以打电话叫他们回来参加。

2020年，我们到湘江乡桐冲口村千年瑶寨为来往游客展演。记得当时郴州宜章县莽山的3位瑶族同胞来到桐冲口村，来寻找他们的祖先迁徙之地。听他们说莽山的瑶族先民是清朝道光年间从江华迁徙过去的，他们来学瑶礼、唱瑶歌，学习跳串春珠。他们主要是想把瑶族传统的优秀文化、习俗学回去，完善传承当地的瑶族文化，发展民族特色旅游。

2020年10月，湖南师范大学音乐学院的几位教授和学生到我们这里观摩学习，参与跳九州的编排工作，在保留原本形态的基础上进行了艺术加工。

⊙图 6-3　串春珠训练场景（龙运荣　摄）

2022 年，我们计划把跳九州发展到校园，进行学校传承，有学校已经和县文化馆联系过，有购买乐器的计划，到时候我们再教中小学生。

参加跳九州演出活动，差旅费目前由举办方解决，但是没有工钱、误工费或者补助，这给传承带来困难和阻力。我们十分盼望着能在村口建立一个标志性建筑，哪怕是立一个路牌都好，让人家能知道这里是省级非遗项目串春珠的核心流传地区。现在每年都有不少像你们这样的学者专家和领导来了解串春珠这个项目，但是由于没有路牌，很容易走错。要是能立一个路牌，那就好多了。

今年村里即将开建一个省级的储能电站，听说投资 140 多亿元，这个项目包含了旅游开发。希望能早日投产，搞旅游项目，把我们的舞蹈发展成为表演项目。通过项目促进村里经济的发展，这样也能吸引年轻人回家创业就业，我们的非遗项目也就能不断地传承发展下去了。

第七章

花瑶挑花

做一个无愧于瑶山的挑花人：奉雪妹

访谈时间： 2022 年 1 月 28 日

访谈地点： 隆回县非物质文化遗产保护中心办公室

访谈对象： 奉雪妹

访 谈 者： 魏建中　文桂芳　姜莉芳

访谈手记： 奉雪妹住在隆回县城。1 月的天气比较寒冷，我们访谈组一行三人上午七点驱车出发，沿着沪昆高速，穿过七公里长的雪峰山隧道，穿过蜿蜒曲折的山道，历经两个半小时，到达隆回县非物质文化遗产保护中心办公室。奉雪妹早已在等我们。看到我们的到来，她高兴地招手，把我们迎进办公室，用爽朗的声音和我们讲述起自己和母亲学挑花、教学生挑花的故事，以及自己对挑花传承的担忧。

奉雪妹，女，1959 年 4 月 18 日出生，瑶族，隆回县虎形山瑶族乡人，被誉为"瑶乡挑花之王"，是国家级非物质文化遗产代表性项目花瑶挑花国家级代表性传承人。她 8 岁随母亲学艺，因天资聪慧，且对挑花格外钟爱，不到一年时间已能挑出精美的挑花裙。她在保持花瑶传统挑花风格的基础上，对部分存在缺陷的挑花服饰进行改进，如包头、绑腿和腰带。她的挑花作品以动物图案居多，并且是图案套图案，具有均衡、对称的特色。奉雪妹挑花以平粗土布作底，白色纱线挑织，不需描图设计、做绣架，具有鲜明的地域性和民族性。她传授挑花技艺耐心细致，许多跟她学艺的瑶山姐妹都已成为挑花能手。她致力于倡导、推广、普及花瑶挑花技艺和挖掘、培养挑花人才，发起、组织开展了花瑶挑花大赛、花瑶服饰展等一系列活动。2007年，奉雪妹被认定为第一批国家级非物质文化遗产花瑶挑花项目代表性传承人。她的代表作品有《团鱼呈祥》《天鹅展翅》《雄鹰捕食》等。她被隆回县委县政府授予"隆回县能工巧匠"荣誉称号。奉雪妹通过带徒弟、参加各种比赛和整理资料，为花瑶挑花文化的发扬光大做出了很大贡献。

⊙图7-1　正在讲解挑花作品的奉雪妹（奉雪妹　提供）

项目简介

花瑶挑花2006年被列入国家级非物质文化遗产代表性项目名录。

花瑶挑花是在湖南瑶族女子中流传的一种独特的手工艺，流传于湖南花瑶居住的邵阳隆回及怀化溆浦地区，主要用于花瑶衣裙的装饰。花瑶挑花是我国民族民间艺术的瑰宝，在这些挑花作品中，理想与现实、形式与内容达到了和谐完美的统一，既反映了花瑶的族群特征，又蕴含了花瑶的民族历史。挑花题材可分为四类，一是常见的动植物，二是美好生活的图景，三是历史故事和民间传说，四是民族信仰和神话故事。花瑶没有文字，挑花便成为记载民族历史文化的重要载体，具有深厚的文化内涵。我国著名作家沈从文先生称花瑶挑花为"世界第一流的挑花"，著名民间工艺美术家刘恪山先生称花瑶挑花为"当之无愧的国宝"。虎形山瑶族乡被原湖南省文化厅命名为"挑花艺术之乡"。

花瑶挑花历史悠久，源远流长。大致在汉代以前，花瑶挑花就已兴起。据东汉应劭记载，花瑶祖先"积绩木皮，染以草实，好五色衣服"。唐代《隋书》中记载："长沙郡杂有夷蜒，名曰莫瑶。……其女子蓝布衫，斑布裙，通无鞋履。"这种描述与今天隆回花瑶女子的服饰正好相同：交缠五彩斑斓的挑花头巾，上着蓝色圆领衣，腰系挑花彩带，下穿彩色挑花筒裙，腿扎挑花绑带。花瑶挑花的主要技法名为"清纱法"，也叫"数针法"，它以普通的挑花针为工具，以白纱线、五彩丝线或五彩毛线及青色土织布为材料来完成，工艺精细，构思奇妙，立意新颖，图案别致，对比强烈，寓意深刻，真正做到了以形传神，体现出拙中藏巧、神秘粗犷的风格特征，作品通体洋溢着一种憨厚朴实的乡土之美。①

脱颖而出走出瑶山

我叫奉雪妹，女，瑶族，1959年4月生于隆回县虎形山瑶族乡。我是一名公务员，以前是中专文化，后来通过自学获得函授本科文凭。回忆过去，往事历历在目。我小时候家庭人口多，全家共八人，两个姐姐，两个妹妹，一个弟弟，自己排行第三。父母务农，父亲做人慷慨大气，母亲温柔能干。当时经济不是很宽裕，但是大家都很开心，家庭很和睦。长大后姐妹在老家务农，弟弟是国家工作人员，我们兄弟姐妹都互相帮助，大家过得还比较幸福。在中小学学习时，老师对我各方面表现的评价比较好，我的记忆力比较强，特别擅长文科。我记得读小学时从五年

① 要文瑾. 湖南隆回花瑶挑花：奉雪妹［M］. 深圳：海天出版社，2017：30-32.

级直接跳级到初中就读。我在老家隆回小沙江十一中读完高中，毕业后参加劳动，1981 年开始当老师，1983 年考上公务员。我后来又开始进修，1987 年毕业于中央农业广播学校（中专），毕业后被分配到隆回县总工会工作。我结婚后，家庭很和睦，丈夫和儿子事业心强，都是国家工作人员，现在我儿子已经结婚。我 2016 年退休，目前大部分时间住在县城。

我从小生活在隆回县虎形山瑶族乡万贯村，这里离隆回县城有 110 公里的距离，处于非常偏僻的崇山峻岭之中，平均海拔有 1320 米，全年平均气温 11℃。我们这个地方有着中国南方非常罕见的高原自然风光，还保持人类原始朴素的生活方式。山中寨子里的女人们个个着装艳丽动人，像一朵朵盛开的鲜花，人们便称我们为"花瑶"。我们世世代代生活在山寨里，远离城镇闹市，一直承袭着古朴纯真的民俗与民风。在我们瑶乡，挑花是每一位瑶家姑娘的必备手艺。我家姐妹比较多，能干的母亲就教我们挑花，在她的耐心带领下，我的两个姐姐、两个妹妹都成了当地的挑花能手。我从 8 岁起跟从母亲学习挑花技艺，最先是用普通的布进行练习。大家一致认为我的悟性比较高，而且我对花瑶挑花格外钟爱，所以上手很快，不到一年我就能挑出比较精美的挑花裙，到十一二岁时，我已经是方圆村寨里大家公认的小有名气的挑花能手。我母亲一般在晚上挑花，她挑花的场所在灶屋或堂屋。我小时候没有专门去外面拜师进行系统化学习，主要是在母亲的教导下学习，通过耳濡目染加上自己琢磨从而掌握了挑花技艺。

挑花技巧的掌握，非一日之功

回忆起挑花的历程，我感触很多，有苦也有乐。真正掌握挑花技巧绝非一日之功，需要多年的积累，所以挑花之路是一条艰辛之路，当然对挑花感兴趣也是幸福之路。有专家统计，光挑一件筒裙挑花就需要 30 多万针，累计需要 180 多个工日才能完成，这种难度可想而知，所以现在很多年轻人学挑花怕困难，很容易打退堂鼓。好在我自己从小就对针线活敏感，一挑就上手了。我学习挑花主要经历了三个阶段。第一个阶段是从 8 岁开始学习挑花，十一二岁挑得比较好，得到大家的认可。第二个阶段是十五六岁时，开始义务辅导村里村外的花瑶姐妹们学习挑花技艺，特别是 1979 年高中毕业后在家务农的那段时间，带了十几个徒弟。第三个阶段是参加工作后到现在，我在工作之余抓紧时间创作挑花，技艺不断精进。除了自己挑花，我也带了很多徒弟。我是 2007 年被认定为花瑶挑花项目的国家级代表性传承人，成为传承人后我更忙了，经常去各类学校传授技艺，还配合我们县政府参加各种宣传和展览活动，用心推动我们花瑶挑花文化的发展。

在创作挑花的过程中，我喜欢不断尝试新事物。我的生活习惯比较有规律，每天早上五点多起床，起床后第一件事就是看看自己昨天的挑花，一边看一边心里揣摩，有了灵感就再挑几针，以图"艺术再加工"。有时候寒冬半夜忽然有了新想法，我也马上爬起床改动一下，从来不间断。我记得有一次，我用竹篾条编成一个斗笠一样的锥台形骨架，再在骨架的顶部预留了一个大圆圈，后来有了新想法，就将花带编满锥台形骨架的正反两面，最后在最外围缀上一圈彩珠，后边垂了两条长须穗。这样，一个类似于我们花瑶女子盘头的帽子便做成了，既有古老的风韵，又带着现代的时髦，有一定的创新性。还记得 19 岁那年，我挑了一件《乘龙过海》挑花围裙。在我的精心设计与创作下，这幅作品很有特色。在挑花围裙上，我挑的盘王骑在蛟龙的背上，头上戴着三尖神冠，神采奕奕，英姿焕发，非常形象生动。盘王的冠发很飘逸，上下的群龙一起朝贺。蛟龙昂头向上升起，仿佛腾云驾雾，在空中呼呼生风。我特地在盘王头顶挑了一轮冉冉升起的太阳，与蛟龙头部翩翩起舞的鸾鸟组合在一起，整个画面具有一种飞腾流动的立体感觉。在这幅作品中，我是想描述遭受战乱、生活贫困的瑶族将士在盘王的带领下守卫家园英勇无畏的场面，表达一种昂扬向上的精神。后来通过清点统计，这条围裙上的图案总共挑了 40 多万针。这件事曾在我们瑶族乡轰动一时，一些行家里手认为我这幅作品体现了我们花瑶人追求美好生活梦想的惊人毅力和强大韧劲，在当时赢得了很多后生小伙子发自内心的喜爱。

我们花瑶姑娘最大的爱好有两个，挑花，唱山歌，这两件事是我们花瑶姑娘的标配。在一首很有名的花瑶山歌里有这样的内容："阿妹生来爱挑花，挑得满山开银花，蝴蝶见了满山飞，蜜蜂嗅了满山舞，阿哥喜欢哪一朵，快请你来告诉我，妹把花绣哥心里。"这首山歌是年轻姑娘抒发感情的情歌，里面描述了花瑶姑娘挑花的美好场景，表达了年轻人追求美好生活的情感。在远离城市的古老神秘的瑶乡，我们的花瑶姑娘没有外面世界年轻人所具有的"名片"，而流传千年的挑花就是我们年轻花瑶姑娘绝好的"名片"。在挑花这一技艺里，谁聪慧能干，谁的技艺高超，只要一出手就很容易看出。每一年一到花瑶姑娘出嫁的季节，有一件非常重要的事情，就是开启我们神秘的"女儿箱"，轻轻拿出凝聚了好几年心血挑成的二三十件用来陪嫁的漂亮花裙，这些嫁妆足以让村寨里的后生们赞许不已。

说到花瑶挑花的技艺特色，我结合自己的实践和专家们的看法谈谈我的想法。我们花瑶姑娘最善于从天地自然万物中提炼加工，巧妙创造出情真意浓的神态形象，表现出朴实真切的美感。大家一致认为挑花在艺术上以脱形写神、简练传神为最大特色，而在造型上大胆夸张和巧妙取舍，以少寓多，主题鲜明突出，极富装饰性。很多时候，花瑶姑娘媳妇在挑自然界的动物类作品时，常常在大的动物身体里面再挑一些小动物和花草，大中有小，比如在一只母老虎的身体内又绣有花草和小老虎。为什么要这样挑花呢？因为现实中的母老虎要怀崽，还要吃一些东西，只有这样绣出来的才是现实生活中的活老虎。可见，花瑶姑娘们的思维方式很独特，相当大胆，具有新奇而浪漫的艺术直觉。很多外面研究花瑶挑花的艺术专家都说我们精妙地运用了现实主义和浪漫主义相结合的艺术手法，让挑花作品体现出丰富的神韵，产生出一种违背常理却又合乎情感与谐美怪诞的趣味，艺术性很高，具有较高的收藏价值。

参加工作后，我参加了很多比赛，获得了不少奖项。1994年我与徒弟共同创作的《狮啸山林》，在文化部举办的"中国民间艺术一绝大展"中获得铜奖。2002年首届挑花大赛，我的入围入展作品有100件，获奖作品 15 件。2006 年第二届挑花大赛，我的入围入展作品有 150 件，获奖作品 18 件，其中两件挑花作品（编号为 136 号和 49 号）获得一等奖（一等奖共三件）。2015 年，我创作的《乘龙过海》获第五届湖南艺术节湖湘工艺美术创意成果展创意奖三等奖，《双虎正面图》入围第五届湖南艺术节湖湘工艺美术创意成果展等。最近这几年，我积极争取政府支持，带领获奖挑花能手们到北京、桂林等地开阔眼界，向别人取经。期间，我产生了很多想法，我自己的挑花技艺也日益精进，更上一层楼，向我求购挑花作品的各地专家、学者、艺术机构接连不断，我自己尽力满足大家的要求，我创作的有些作品也成为政府及有关部门馈赠贵宾的重要礼品。在传承和弘扬花瑶挑花的路上，我还要更努力，任重而道远。

⊙图 7-2　奉雪妹的挑花作品（奉雪妹　提供）

我们的花瑶挑花源远流长

　　我再来谈谈我们花瑶挑花的历史。回顾历史是为了更好地面对当下，展望未来。我们花瑶没有文字，挑花具有深厚和丰富的文化内涵，是我们这个民族历史文化的非常重要的载体，可以说是中国传统文化里面很有特色的瑰宝，很多专家也认为花瑶挑花是民间工艺美术的绝品。我们的花瑶挑花历史是很悠久的，可以说是源远流长。挑花在历史上有什么故事呢？传承方式有什么特色呢？很多专家在考证这些问题，我们自己也只知道一些基本内容。其实，到目前为止，花瑶挑花为谁所创造已无从考证。大家只知道自汉代以来，挑花就成为我们花瑶女子一生的必修之课（男人不挑花），并且我们这个地方以挑花水平的高低来衡量一个女子的能力和才智，不会挑花的女子很难找到对象。所以，花瑶姑娘非常重视挑花，从七八岁起就在长辈的口传身授下学习挑花，一般需要好几年的工夫才能慢慢掌握基本的挑花技艺。挑花技艺决定自己的终身大事，这在我们这个地方千百年来都是这样。正因为如此，花瑶女子个个终身学挑花、爱挑花、穿挑花，才能一代传一代，永不断绝，挑花技艺就这样不断延续和发展至今，并出现了很多挑花能手。在传承的过程中，都是大家聚在一起，互学互教，不需要专门拜师，更没有具体的师徒关系、师承谱系，大家根本就不想谁是谁的徒弟，因为挑花完全渗透进我们花瑶姑娘的基本生活里面了。我们的花瑶挑花技艺基本上靠口传身授，完全凭我们瑶族妇女的一双慧眼和巧手，循着土布的经纬进行徒手操作，无须专门设计、打稿、描图和放样，就按照自己心里早已定好的腹稿飞针走线。这样在很自然的状态下创作出来的作品，体现出浓厚的民族特色和乡土气息。有些优秀作品，很多行家里手都给予很高的评价，他们认为我们挑花的立意很巧妙，布局相当合理，图案也古朴繁杂，左右均匀对称，加之有精细的手工针法，每件作品都具有唯一性，具有稀缺性，极具收藏价值。

我们的花瑶挑花流布区域主要是湖南省境内雪峰山的东北，也就是溆浦与隆回两县交界之地，位于海拔 1300 米左右的崇山峻岭之中。我有时候想，这些区域的自然与社会环境特征和挑花有什么联系呢？我觉得，我们花瑶人长期生活在山深林密、湿热多蛇的环境中，这种环境造就了我们与万物融为一体的生活习性。我们花瑶老祖宗对各种动物都有细腻的观察，尤其是对蛇的习性十分熟悉，因为一般情况下蛇具有很多早期人类力所不及的能力，如游水、上树、钻地、长寿、耐饿等，因而被我们老祖宗视为灵物，成为我们花瑶部落最重要的图腾，类似于汉族对龙的崇拜。这种图腾崇拜进入我们生活的方方面面，尤其是挑花。在大量以动物为题材的花瑶挑花中，蛇的图案是最为丰富的，有盘蛇、交体蛇、昂头翘尾蛇、无尾双头蛇、蛇缠图腾蛇等，多种多样，多达上百种。而且形态各异，充满奇思妙想，富有灵性。我们的老祖宗把挑花运用到我们日常生活的方方面面，头巾、衣领、裙口、绑腿、小孩背带和筒裙等地方都可以挑花，生活艺术感很强。我们的筒裙很有特色，除了后片以外，其他地方一般是彩绣，筒裙后片是在藏青色的直纹面布上用白线挑出各种美丽的图案，筒裙后片面积较大，大小具体是多少呢？一般长 100 厘米左右，宽 50—60 厘米，这么大的面积因此可以很好地发挥，这里的挑花图案题材是最丰富的，主题相当突出，反映的文化意识也最鲜明、最特别，是我们花瑶挑花中的精华。很多爱好花瑶挑花文化的研究者都指出，花瑶挑花确实具有很深的文化内涵。这些以各种动物和我们丰富多彩的日常生活为题材的挑花，充分反映了我们花瑶民族的日常信仰、独特的节庆和婚嫁习俗，文化味道很浓。

总的来说，我们的花瑶挑花取材非常广泛，内容十分丰富，形态也多样。老祖宗传下来的作品样式有上千种，可见我们花瑶老祖宗的创造能力是很强的。经过专家研究，一般主体图案的题材可以分为四类：一是动物类，以蛇、龙、鸟、鹰、虎、狮最为常见；二是植物类，以花草树木为主；三是历史故事和历史人物类，主要表现我们瑶族先祖英勇抵御外族侵略的历史故事；四是日常生活类，如反映花瑶传统习俗的"对歌定情""打蹈①成婚"等。

与时俱进回馈瑶山

1983 年是值得我永远怀念的一年。这一年，我努力通过考试，成为正式的国家工作人员。参加工作后，我没有放弃挑花，反而在业余时间不断钻研，技艺更上了一层楼，同时我也站在职业的角度对花瑶挑花文化进行了思考。我是从瑶山走出来的人，一直在思考我们花瑶挑花在现

---

① 打蹈：指花瑶男女结婚时坐在异性腿上蹾屁股的习俗。打蹈前双方讲几句客套话，讲完后便向对方的膝腿上坐下，边蹾边弹，亦说亦笑，通宵达旦，婚礼算完成。

代社会中遇到的很多问题，我很想努力回馈瑶山，让偏远的瑶山在新时代重放光芒。我是土生土长的花瑶人，深深地知道在现代社会中，我们花瑶女性的服饰虽然美丽，但过多的讲究束缚了花瑶女性的生活，也不利于其在现代社会中传承，这些问题都需要解决。在保持花瑶传统挑花的基础上，我积极实践自己的一些新想法，对部分存在不同缺陷的挑花服饰进行改良、改进。我觉得首先要弄清楚我们的挑花遇到了哪些实际问题，其次是要在新时代与时俱进，通过创新解决问题。我深深地知道花瑶挑花现在的状况很不乐观，有一种很大的危机感。目前我们花瑶村寨的老一代挑花妇女相继去世，学会一些繁缛、精湛的技艺需要很长的时间，目前年轻的瑶族姑娘大都没有去潜心学习，所学的都是一些简单的技艺。随着社会的发展与变革，花瑶挑花这一珍贵的传统文化瑰宝的传承遇到了瓶颈，在现实生活中已日渐式微，甚至可以说到了濒危状态。

现实中，从头到脚的繁复讲究装束给生活带来了极大的不方便，特别是我们花瑶女性的包头，所以首先面对的一个问题就是如何改造传统包头。传统包头是由许多根红黄蓝绿等彩色毛线编织成的长长的小彩带缠绕在头上，虽然包在头上很漂亮，但不牢固，极易掉下来，给生活、生产劳动等带来诸多不方便。尤其是爱美的花瑶青年女性，为了好看，她们把包头包得越来越大，虽然更显美丽，更引人注目，但是更加费时，更容易掉下来。这样掉下来又包，包了又掉，反反复复，一天到晚精力都花在了包头上，走到哪里包到哪里，随时随地都在包头，说实话，这些问题确实成了累赘。这种滋味，这种烦恼，这种感受，我深有体会，因此，我一直在想怎么解决这个难题，想把花瑶女性从这种累赘中解脱出来，但又不能丢失花瑶民族原来的民族特色和民族风格，而且还要使花瑶女性更美丽。我想要做一个无愧于新时代的花瑶挑花人，在新时代与时俱进，我采取了一些措施。1994年，我们改良了花瑶女子的包头。我是在1993年初开始认真思考，开始改良花瑶的包头，经过反复琢磨和试验，我做出了第一顶花瑶大帽子，把它戴在了自己的头上，大家看见后，都非常好奇，而且都很喜欢，前来问我是在哪里买的。我看到大家都很喜欢，于是回家后，继续琢磨，对大帽子的尺寸、厚薄和做骨架的竹篾的粗细又做了进一步改进和定型，终于在 1994 年正式推出了现在这个样子的花瑶大帽子，很快这顶改革了的花瑶大帽子就被大家所认可，被大家所接受，这样一下子就在所有花瑶中普及了。根据过去传统，花瑶姑娘每次缠头都要大约半小时，而且很不牢固，一碰就散。现在，我们的帽子是倒置的斗笠状骨架内层，包布底，再一圈一圈叠缀五彩编织带，顶上边吊一圈彩珠彩片，特征上与原始无异，却更加美观大方，使用起来又十分方便，备受花瑶妇女和姑娘们的喜爱。这件事让我深有感受，只要肯钻研，就会出成果。

⊙图 7-3　奉雪妹教花瑶后代编大花帽（奉雪妹　提供）

后来我们继续行动，不断创新，让花瑶挑花适应现代社会。我们在 1994 年改良了女子挑花绑腿，1998 年改良了女子挑花腰带。挑花腰带的改革是相当成功的，一般一个年轻姑娘 18 寸（60 厘米）腰围，围上传统腰带后，腰围就有 24 寸（80 厘米）。传统的老腰带要从小腹围起，经过反复围绕直到接近胸口，而且围得很紧，这种方式让人呼吸都有些困难，这种传统腰带围起来很费时，解下来同样也很麻烦，和现在的生活节奏不适应。经过我们精心设计改革后的腰带既简便又美观大方，长短大小可因人而定，大人小孩都适用，只有薄薄的一层，像汉族系皮带一样方便。此后的几十年中，我着力倡导、推广、普及花瑶挑花技艺，尽力挖掘、培养挑花人才，发起、组织开展了花瑶挑花大赛、花瑶服饰展等一系列活动，促进了花瑶挑花文化的进一步发展。

当然，我们花瑶挑花的传承还面临一些困境。第一，随着社会的发展，花瑶服饰被当代流行服饰同化的进程不断加快。花瑶姑娘向往都市社会的流行时尚，除了在本民族的传统节日外，不少花瑶姑娘已不再穿花瑶服饰，对挑花更是缺乏热情。第二，花瑶挑花中的精品大多为花瑶女子的嫁妆裙，只有出嫁和盛大节日时才偶尔穿一下，平时都藏在家里。我们这里有个风俗习惯，女子去世时，嫁裙要随葬，导致了很多挑花精品的失传，尤其是一些反映重大历史事件、历史人物和表现花瑶独特风情的挑花，已难得一见，非常可惜。第三，我们花瑶挑花创作的生活环境发生了巨大改变，创作素材老虎、山鹰等飞禽走兽已绝迹或不多见，古树林、吊脚楼等遭到了不同程度的损毁，花瑶挑花在某种程度上失去了一些创作的源泉和灵感。第四，目前我们的花瑶挑花原材料比较匮乏。花瑶挑花的主要原材料靛蓝或藏青平粗土布和七色丝线在现代社会中的市面上已很难买到，我们的花瑶妇女只好以化纤类材料来代替，这样制作出来的花瑶挑花失去了本真性，无论质感、颜色和工艺都与传统挑花存在明显差异。第五，花瑶挑花传统用途主要是瑶族妇女服饰，一是装扮服饰（主要是花裙，以及帽子、腰带等），二是日常生活实用物件，如荷包、手袋。随着时代的发展，这些传统物件作用在淡化。针对这些问题，我们努力想办法。比如为适应现代人的需求，我们进行了新设计，出了一些新作品。与纪念品、礼品设计相结合，实现挑花作品的多样化，使之适应市场需求。同时，我们还增添图案样式，进行包装设计，形成有特色的新型手工艺品。我们在构图、色彩、题材、功用等方面进行大胆创新，打破以往只有黑白挑花裙的状况，开发了彩色挑花壁挂等诸多旅游外卖挑花品种。我们的花瑶挑花在创新上取得了很多成绩，今后还要随着时代的变化而创新，让挑花造福我们的瑶山。

追忆花瑶挑花文化保护的苦行僧刘启后

在这里，我要谈谈我们花瑶挑花文化保护的一位传奇人物——苦行僧老后。老后的真名是刘启后，他生于 1944 年，老后是他的笔名，也是我们对他的尊称，他是我们湖南隆回人。1981 年，作为中国民俗摄影家协会会员的老后专程采访了我，拍摄了一批精美的挑花作品，后来在多家报刊上进行了报道，引起了不小的反响。在他的鼓励下，我在 1983 年成为国家工作人员后，不但没有把挑花放弃掉，反而钻研得更深，研究得更透。在后面相当长一段时间里，我协助我们县政府和乡政府，发起、组织开展了花瑶挑花大赛、花瑶服饰展等一系列活动，为推广花瑶挑花文化尽自己的一份力。

在我们虎形山瑶族乡，几乎没有人不知道老后。老后先后 300 多次深入我们瑶家山寨追踪采访，通过锲而不舍的努力，记录下许多濒临消逝的传统文化事象，并将我们独特的花瑶文化推向全中国乃至世界。花瑶挑花一直是我们花瑶妇女一代代口传身授的技艺，图样及挑花工具有极强的私密性，一般不会给陌生人看。我们瑶家女往往会把一些重要的挑花作品锁进自己的"女儿箱"，不让别人知道，按我们瑶家习俗，这个"女儿箱"从来不对男人打开，更不用说是外乡人了。老后具有一般人少有的韧劲，为了开启这个神秘的"女儿箱"，他长年累月不辞辛劳挨家挨户探访，最终用自己的真诚和执着打动了我们的瑶家女，使得 3000 多个瑶家女向这位外来男性打开"女儿箱"，最终收集到了 2000 多个稀有的挑花图样，为我们花瑶挑花文化的传播做出了巨大的贡献。在长达 40 年的时间里，他始终没有停歇，义务投身于花瑶民族文化的保护工作，为了向全世界推介花瑶文化不辞辛劳、八方奔走，我们经常能看见他背着双肩包、举着相机在集市的人群中不断穿梭。他几十年如一日，一直坚持全方位挖掘、记录、抢救花瑶民俗文化，并满腔热情地将花瑶文化推向全中国、带进联合国，介绍给全世界，让花瑶文化的知名度得到了很大提升。同时，难能可贵的是，他还主动提供多年积累的第一手珍贵资料，全力协助隆回县政府，成功申报了第一批国家级非物质文化遗产"花瑶挑花""呜哇山歌"和"滩头年画"，真是功德无量。

老后曾任中共隆回县委台湾工作办公室主任，最大的爱好是摄影和保护花瑶文化，从1980年起，他在《人民画报》等海内外上百种刊物上发表过几百件摄影作品。因为在文化保护上的贡献，他获得了很多荣誉。2013年，他荣获"湖南省文化保护十大杰出人物"称号。2014年荣获"湖南省道德模范"称号。2015年1月6日，年逾古稀的他又获得由中华文化促进会、凤凰卫视联合主办的全球华人文化界最高荣誉"2014中华文化人物"称号。2016年1月13日，他再次获得由人民日报社、《国家人文历史》杂志社与证券时报社共同主办的"传承·创新——2015 CSR中国文化奖""杰出贡献人物奖"。非常遗憾的是，老后在一次意外交通事故中受伤严重，不幸逝世。刘启后先生是一个少有的民间文化坚定的守望者，是我们花瑶文化保护的苦行僧，他凭借一双腿和一架老式相机，用自己的毅力一点一滴地记录和传承我们珍贵的花瑶民间文化，值得我们花瑶人永远地怀念。

培养徒弟、传承技艺是我的责任

其实，挑花在过去是很受大家欢迎的。从前，女孩子在出嫁前，要连夜赶织挑花作品作为嫁妆。但是，现在有很多80、90后已经不知道挑花，他们也不喜欢用挑花物品了，我真的担心有一天这项承载着瑶乡独特记忆的技艺就此消失了，所以我一直非常重视培养徒弟。不论是家里人还是外人，只要肯跟我学，我都毫无保留地传授技艺。在家人中，姊妹们原本就会挑花，弟媳、侄女、外甥女也都在我的发动下学起了挑花，亲戚中已经有10多个人基本学会了。除了家人，我还带了很多徒弟。在工作之余，我加大了对瑶寨姑娘们的培训力度，带的徒弟有奉提妹、刘扫妹、刘洒妹、奉德妹、奉柳妹等人，她们都成了当地挑花的佼佼者。

总的来说，我带的徒弟不下于 200 人。作为传承人，我想方设法承担着传承的重任。

目前，有很多大学艺术专业人士对该项目进行调查研究。国家也非常重视非物质文化遗产的保护，2006 年 5 月 20 日，花瑶挑花被列入第一批国家级非物质文化遗产名录。2019 年 11 月，《国家级非物质文化遗产代表性项目保护单位名单》公布，溆浦县文化馆、隆回县非物质文化遗产保护中心获得花瑶挑花项目保护单位资格。但是目前，挑花的发展状况还是让人很担忧。古老的挑花在备受赞赏的同时，也面临着传承的危机。挑花手艺工艺繁复，需要细心和极大的耐心，随着老一代挑花人的相继去世，年轻一代愿意学习的越来越少。以前的妇女，绣品针线都是随身带着的，干活累了就停下来挑花当作休息。现在的年轻人没这样的心了。对挑花，我有一些遗憾的事情。在以往的文化交流、展览等活动上，像土家织锦、蓝印花布等非遗产品都有不错的销量，但花瑶挑花，大多时候都只是用来展览、观赏而已。如今，精美的挑花依然是绣在我们花瑶女子裙摆上的鲜艳配饰，然而一条裙子却是一个女子半年多的心血，它的价值究竟是多少呢？对于大多数普通人，这样的裙子好像没有使用价值，装饰也不适宜。因为没有市场，愿意做的人便更少。曾经在一次文化交流的展览会上，一位领导问我一件挑花价位是多少，我说是无价，领导追问为什么是无价，我讲一件挑花需要很长的时间才能完成，是挑花人的心血和技艺凝聚而成的，是了不起的艺术品，不了解的人出不起价，赏识的人愿意出高价。领导听了很认同。

值得欣慰的是，如今，花瑶挑花已被列入虎形山瑶族乡中小学乡土教材，每周一节挑花课，让花瑶的孩子们从小就接受挑花文化熏陶，学习挑花技艺。我们更要力争在创新上做文章，同时加大对瑶族村寨姑娘、媳妇们的培训力度。最近几年，湖南工业美术学院、邵阳学院、邵阳职业技术学院聘请我教大学生挑花技术，学生都是服装设计专业的，他们学得很好。我的教学方式以示范为主，适当讲解，让学生们先练基本功，比如如何拿布、数纱，再教挑花的技术，最初学生挑得不均匀，有粗有细，经过一段时间的训练，学生们还算学得不错。

针对当前的挑花现状，我提出一些有关挑花发展、传承、保护的相应建议，供你们参考。

　　第一，民间人士和高校一起深入研究花瑶挑花，提升挑花艺术的文化品位。希望高校专家和我们一起进一步开展对挑花艺术乃至整个花瑶历史的深入研究，彰显挑花的民族特色。我们不仅要鼓励本地文化工作者进行研究，还应该创造各种条件，借助有关专业机构尤其是高校美术方面的专家对挑花艺术进行深入的学术研究，努力寻找创新的方向和发展途径，以学术为支撑，进一步提升花瑶挑花艺术的文化品位。

　　第二，在切实抓好培训传艺工作的基础上壮大艺人队伍，瞄准市场需求，做好有特色的旅游产品开发。我们要建立一支人数较多、年龄结构合理的挑花艺人队伍，一方面要坚定地保存和传承历史文化精髓，另一方面要引入现代元素，接受现代创新设计理念。比如用挑花技术做一些小工艺品，投向市场。

　　第三，政府层面高度重视挑花非遗的传承发展与创新创业。希望政府履行保护非遗相关法律赋予的职责，更加重视挑花非遗保护与传承资金投入，进一步加强非遗品牌构建，让一部分年轻人能够通过挑花在文旅方面进行创新创业，推动当地文化活动深入开展。

"80后"的我挑花传承任重道远：沈燕希

访谈时间：2023 年 2 月 9 日

访谈地点：隆回县非物质文化遗产保护中心办公室

访谈对象：沈燕希

访 谈 者：魏建中　文桂芳　姜莉芳

访谈手记：沈燕希是花瑶挑花省级代表性传承人，也是省人大代表，她承担的事务很多，工作忙，约了几次，都由于各种原因不能见面。新年伊始，我们和沈燕希约好了见面的时间和地点。春节这几天的气温在上升，不怎么冷，2 月 9 日我们访谈组一行三人上午八点驱车出发，沿着沪昆高速一路前行，穿过全长七公里的雪峰山隧道，历经两个半小时，到达隆回县非物质文化遗产保护中心办公室。沈燕希早已在等我们，她解释了前几次自己忙不能见面的原因，表达了自己的歉意。她用热情爽朗的声音和我们讲述起自己和母亲学挑花、现在在学校教学生挑花的故事，以及自己对未来的规划。

沈燕希，女，瑶族，1984 年 9 月出生，大专文化，湖南省隆回县虎形山瑶族乡崇木凼村人。沈燕希从小学习挑花技艺，十几岁成为当地挑花能手。2015 年被选为隆回县人大代表，2018 年被认定为花瑶挑花省级非遗传承人，入选第六批国家级非遗代表性传承人推荐人选名单。沈燕希的挑花作品取材广泛，技法古老，构图造型抽象夸张，色彩对比鲜明。她所创作的作品很有特色，特别是《双龙抢宝》《老鼠抬轿》《万马奔腾》等作品受到了国内外专家的好评。她的作品经常被选中参加民族文化交流活动。2018年起，她在家乡各学校给小学三年级至初中女学生进行挑花技艺授课。沈燕希通过参加各种展演比赛、创新技艺和精心带徒弟，为当前传承花瑶挑花文化做出了重要贡献。

我们自己就是天生的设计师

我叫沈燕希，女，瑶族，1984年9月出生，湖南省隆回县虎形山瑶族乡崇木凼村人，大专文化，刚刚入选第六批国家级非遗代表性传承推荐人名单。我的母亲奉了妹是当地有名的挑花能手，我从小耳濡目染，9岁时就一边读书一边跟随母亲学习简单的挑花图案。也许是天性使然，我对挑花非常感兴趣，很快就学会了花瑶挑花中的代表性简图。别人都说我心灵手巧，挑花这方面确实需要一定的天赋，我14岁时便能挑织《老虎》《双蛇图》等较为复杂的挑花作品，成为当地挑花能手。挑花与我们花

↑图7-4　沈燕希在做挑花筒裙

（沈燕希　提供）

瑶姑娘的日常生活休戚相关，小时候母亲传授我花瑶挑花技艺用的原材料较为简单常见——普通的绣花针、白线、毛线、一块黑布等。挑花直接在黑布上面进行，不需要模具与图样，随时随地发挥自己的想象力，看到什么，想到什么，就可以挑什么，挑花需要做到"眼有神，心有灵，

手有工"，达到心手合一的境界。很多时候，花瑶姑娘如果心情非常好，想去挑花，就天马行空地展示自己的才艺，天上飞的、地上跑的都可以挑。我们自己就是天生的设计师，只要觉得美好的事物，就可以按照自己的想法去设计形状，然后将它挑出来，成为自己心爱的作品。

我的求学与工作之路一直比较顺利。我于1991年9月到2000年7月就读于我们家乡的虎形山希望学校，在开始学习挑织挑花简图。2000年9月到2006年7月期间，我先后就读于隆回十二中、隆回二中和长沙医学院，只要一到假期，我就在老家学习挑花技艺。毕业后，我在虎形山卫生院工作了四年，业余时间都在用心学习挑花技艺，同时配合县乡各部门开展挑花宣传展示工作。2011年到2021年，我两次当选为隆回县人大代表，开始为虎形山瑶族乡的花瑶文化保护与传承、旅游开发建言献策。2020年10月，我在怀化学院非物质文化遗产传承人研修班深造学习，一边学习相关理论知识，一边精进挑花技艺，和很多老师、同学在一起切磋，我感觉各方面提升了很多。同时我被怀化学院聘为花瑶挑花培训班任课教师，为大学生们传授挑花技艺。

我们这个家族是挑花家族，大家都有自己的特长。我的堂姨妈叫奉堂妹，出生于1960年，现在是花瑶挑花市级非遗传承人。她也是我们瑶乡少有的挑花高手，我在她那里得到很多挑花的启示。人们形容她的作品是"神仙"挑的。她的代表作是《八骏宏图》《老虎》《龙凤吉祥》等。她12岁就开始跟母亲学挑花，凭借着极致的热情和出众的悟性，在图案设计和运针技法上达到了炉火纯青的境界。在她手中，无论是多么复杂的图案，她都不用画稿、不用放样，而是在脑海中直接构思成型，让整体图案以似像非像、虚实交替的形式流于指尖，跃然展现在布上。我堂姨妈很善于观察图案，能按图案的大小分别算出纵横线路，按针脚的多少来确定挑花的粗细宽窄，确定图案搭配。她在构图、色彩等方面大胆进行创新，打破以往只有黑白挑花裙的状况，开发了彩色挑花壁挂等诸多旅游外卖挑花品种。因为她设计的图案格外漂亮，入冬后的农闲时节，乡亲们争着来看她做的花纹。外头的公司经常来跟她要一些作品，40—50厘米大小的，拿去做展览。有一次北京一个摄影家协会还要了20

多件，专门用作拍照。她经常说，花瑶挑花这项古老的技艺，未来一定会挑出一朵灿烂的花儿来。我堂姨妈作为传承人之一，她通过各种方式宣传和推广挑花艺术，同时也积极地在瑶族年轻人中普及传播挑花艺术。她的女儿沈诗嫫是毕业于广西一所大学计算机专业的研究生，每次女儿回到瑶寨，她都会让女儿学习挑花技艺。而沈诗嫫也认为自己虽已走出大山，学的是现代的科技，但始终是个花瑶姑娘，她希望自己有一天也能学会挑花这门瑶族姑娘引以为傲的手艺，并用自己学的知识与技术推广花瑶挑花。

为推广花瑶挑花摇旗呐喊

花瑶挑花最大的特色是原材料虽然简单常见，但挑花服饰却异常精美。大家都说，欣赏花瑶挑花的美感，远看各种颜色，近看具体的花纹，远处赏花瑶服饰着重于看颜色的艳丽多元，近处赏花瑶服饰则会着重看图案和花纹。此外，挑花服饰讲究有规则的对称，正反两面都有整齐的图案，正面为较立体的十字针，背面则为一字针。我们一般的挑花练习，会从穿针引线开始。挑花作品线条的疏密与针线的松紧、长短都有密切联系。比如，作为一个挑花新手，挑花的线就不能放得太长，否则挑花力度就难以把握。很多专家一致认为我的挑花作品具有一定特色，主要是取材广泛，构图造型抽象夸张，色彩对比鲜明，反差极大。在好几年前，我创作的《骏马图》《老虎》《老鼠抬轿》等挑花作品获得了花瑶女同胞的青睐，并被她们当作学习花瑶挑花的样板。

这些年来，我参加了很多比赛和活动，为推广花瑶文化摇旗呐喊，取得了一些成绩。我的作品多次在虎形山瑶族乡传统节日"讨念拜""讨僚皈"活动中展示，并经常参加民族文化交流活动。2001 年，在虎形山瑶族乡崇木凼村举办的首届"瑶族风采"服饰模特大赛中，我穿着自己挑织的花瑶服饰现场展示自己的才艺，最终打动评委和观众，获得了冠军。2016 年，我参加广西文化遗产日活动，宣传展示花瑶挑花。2019 年 11 月，我携带花瑶挑花作品参加在安徽省举办的第四届湘鄂赣皖四省非物质文化联展。2020 年 5 月，我参加湖南省常德市举办的"中国旅游日湖南宣传活动暨 2020 桃花源文化旅游节·湖南非遗购物节暨网红直播带货"大赛，销售花瑶挑花创新作品。2021 年 7 月，我创作的《党旗下的希望》《建党百年》等庆祝建党 100 周年主题作品，在湖南省文化馆参加建党百周年非遗作品展。

作为瑶族传统服饰的一部分，花瑶挑花虽在代代传承中不断改变表现形式，但文化内涵、基本针法却从未改变。民族传统文化需要创造性转化和创新性发展。花瑶挑花如果固守古老的原材料及工艺，难免会出现一些较为残酷的现实问题。帮助花瑶挑花走出瑶乡，走向世界，并不是简单说说而已，花瑶的发展还需要各方面人员的共同努力。挑花看起来很精致，但是挑花的布料其实有些粗糙，在原材料方面存在着一些问题。七八十年前，我们花瑶姑娘挑花用的是自己家做的土布，穿在身上

↑图 7-5　沈燕希展示自己的作品（沈燕希　提供）

质感较好，但是多洗几次，布料就会掉色，影响裙子本身的美观度。现在改用新型布料之后，褪色的问题解决了，但是这个布料会被顾客挑出毛病，因为它的触感没有传统土布那么好。原材料是花瑶挑花的"命根"所在，但还需要多加改良，使其触感及品质都能满足大众的需求。传统的瑶族服饰，如没有青年男女穿戴，也就失去了向更多人展示魅力的舞台。近年来，我在不断提高自己挑花技艺的同时，积极配合县文化主管部门开展花瑶挑花的调研活动，为保护花瑶挑花提供了大量一手资料，并经常利用业余时间辅导花瑶女子学习挑花，用自己对花瑶传统文化独到的理解和花瑶女同胞们进行深入的交流与探讨，引导花瑶同胞自觉保护花瑶挑花等传统文化。我现在经营一家花瑶作坊，共两层，占地面积100 余平方米。在传承花瑶挑花传统技艺的基础上，我们还创新开发出一系列挑花微缩产品及衍生产品，如耳环、项链、包等，这些产品在网上销售，取得了很好的口碑和经济效益。

被选为县人大代表，责任更重了

2015 年，我当选为隆回县人大代表，我觉得自己的责任更重了。我和其他花瑶挑花的传承人一起为挑花技艺的发展给县里提了很多建议，县里很重视，采取了不少措施，取得了很好的效果。我也非常关心花瑶的文化、经济和环境发展，作为县人大代表，我多次提出加强花瑶文化生态环境保护的建议得到了乡党委政府、县委县政府的高度重视，为花瑶文化的发展做出了一些贡献。

这些年来，我们县通过成立花瑶挑花抢救保护领导小组和专家委员会，出台《花瑶挑花抢救保护工作责任制及责任追究办法》，制定非遗杰出传承人评定奖励办法，出版《花瑶挑花传承人口述史》《花瑶挑花图案 500 种》等书籍，不断推进花瑶挑花的保护和传承。我们县不仅在虎形山瑶族乡建起了花瑶挑花技艺传习所 4 个、展演展览场所 8 处、挑花表演会场 6 处，在虎形山民族团结学校等地建立了 10 余个花瑶挑花兴趣班，还鼓励我们这些花瑶挑花传承人走出隆回，利用邵阳职业技术学院等平台进行更广泛的推广。县里扶持和鼓励我们花瑶挑花传承人开发花瑶挑花旅游产品、举办花瑶挑花作品大赛及微缩作品技艺大赛，还邀请了 7 个国家的 110 位设计师组建"花瑶花"文创团队，开发文创产品，与院校、企业开展产品设计、定制开发等合作，我们县推动花瑶挑花艺术产业化发展的步履很坚定，效益也日益显现。2019 年 8 月，花瑶挑花成为全省第一个非遗工坊项目。在传统节日期间举办的花瑶民俗文化活动中，花瑶挑花通过"花瑶佳丽大赛""花瑶挑花裙大赛""花瑶头饰编织大赛""花瑶挑花饰品开发创作大赛"等不断绽放夺目光芒，为文旅融合发展和旅游收入增长做出积极贡献。2022 年，花瑶挑花入选建设"中国民间文化艺术之乡"典型案例。

2023 年 1 月，我当选为湖南省第十四届人民代表大会代表。我觉得肩上的担子更重了，我要更好地参政议政，为花瑶挑花文化的发展和花瑶旅游经济的开发做出自己的贡献。可喜的是，这几年我们花瑶地区的发展有目共睹。如今，我们瑶山旅游产业逐步兴起，虎形山大花瑶景区逐步成型，有了从外地来的游客，我们花瑶群众的生活越来越好，花瑶成为我们隆回县的一张名片。通过持续抓好传承保护和创新发展，花瑶挑花成了民族团结的桥梁和纽带，为文旅融合发展和瑶乡人民增收做出了积极贡献。尤其是 2023 年以"早安隆回、云上花瑶"为主题的第二届邵阳旅游发展大会，初定于 2023 年 9 月在我们虎形山大花瑶景区举行。根据计划，这次旅游发展大会共安排了五大主体活动和 9 项前期活动，是一次高规格的大会，一定会有力地推动花瑶经济文化的大发展。①

---

① 此次旅发大会，已于 2023 年 9 月 19 日在隆回大花瑶虎形山举行。

在困境中努力传承挑花技艺

花瑶老一代挑花妇女相继去世，而年轻一代面对现代社会的各种事物，很难有耐心学习工艺繁缛的挑花手艺，花瑶挑花的传承遭遇了困境。培养挑花传承人任重道远。我目前带的徒弟比较优秀且能够独立创作完整作品的主要有三人，她们是奉薛荔（1999 年 6 月生）、奉气花（1987年 6 月生）、奉鸟花（1998 年 7 月生）。奉薛荔独立创作了《双虎图》《雄狮图》《双蛇图》等作品，奉气花独立创作了《老虎图》《花草图》《凤凰图》等作品，奉鸟花独立创作了《一马当先》《青蛙图》等作品。这三位徒弟多次和我参加了花瑶挑花技艺展示活动。

除了单独带徒，我也常常会在一些学校进行花瑶挑花的相关教学，在虎形山和小沙江镇，我都会根据学校的安排开设一些免费的课。2017年至今，我在小沙江镇和虎形山瑶族乡九年义务制学校花瑶挑花兴趣班授课，每年授课二十余节。2018 年至今，每年在虎形山瑶族乡崇木凼村花瑶挑花传习所举办培训班 4 期，为花瑶女子传授挑花技艺。我们传承人也时常受邀到高校的一些设计学院上课。我是怀化学院特聘的花瑶挑花技法教师。2022 年 10 月 16 日上午八点，我们县的隆回职业中专学校举行了非遗传承进校园暨国家非遗传承大师聘任仪式，邀请我加入工作室，利用每周日的第二课堂时间在学校开展教学活动，丰富师生的校园生活。我在这次仪式上，讲述了挑花技艺，并展示了自己的作品。我希望让传统文化在校园内生生不息地传承下去。

我觉得，花瑶挑花的发展既要好好传承历史，也要与时俱进，不断创新。以史为鉴，可以知兴替，如果真正想对花瑶挑花了然于胸，仅仅研究现阶段的挑花作品还是不够的，需要仔细了解挑花乃至花瑶的起源、发展史，只有这样，才能真正弄清挑花的文化内涵，创作出有深刻文化意蕴的作品来。有一个很有趣的传说，说当时我们花瑶从洪江迁往龙潭定居隆回后，有一天，几个花瑶姑娘在岩壁上玩耍，突然发现岩壁上丛生绿色花朵，觉得十分漂亮，她们便用身边仅有的普通针线，模仿着这朵花，制成了服饰上的装饰品。后来，这个图案就成为挑花最具代表性的古老图案之一，在瑶语中被称为"杯干约"。我的作品《老鼠娶亲》中就曾多处运用古老的"杯干约"作为点缀。"老鼠娶亲"是隆回古老的寓言故事，我用经典的图案、细腻的线条将这个故事用挑花作品表现出来，有一定的创新性，素色悦目，别具一番风味。

作为一名普通的瑶族姑娘，作为一名"80 后"的挑花传承人，我有责任去传承和发展我们民族的宝贵文化，同时还要不断去创新。只有创造出新的符合现代发展潮流的东西，才能吸引年轻人的眼光，才能让传统的挑花技艺在今天有发展的空间和可能。除传承基本的挑花技艺外，我经常创新挑花表现形式。记得有一次我将花瑶挑花与畲族服饰花纹相融合做成披肩及围巾，虽然耗时较长，但异常精致美观，得到专家们的好评。之前我在上海学习时，就有设计师想跟我合作，却因为我做一个东西需要半个月左右，对方觉得时间耗费过多，很遗憾最终未能达成合作，这也是传统技艺与现代需要之间矛盾的地方。我也曾设想过用花瑶挑花在衣领、桌布边沿挑织一些挑花作为点缀或者挑织一些小篇幅挑花图案，将成品作为商品出售。但是，真正要将挑花转换为可批量售卖的商品，还需要相关部门的扶持。

⊙ 图7-7　沈燕希的挑花作品（沈燕希　提供）

　　我认为，在今天花瑶挑花技艺的传承是值得好好研究的一个课题。我们可以从两个方面来谈，一个是社会方面的传承，另一个是家族方面的传承。社会传承方面，主要是要有个好的社会大环境。近几年我们隆回县委县政府不断提高对花瑶挑花的重视程度，将虎形山瑶族乡作为重点的扶贫区扶持，使得花瑶的挑花文化也得到有力的保护和发展，政府部门在虎形山周边的学校也开设了专门传授花瑶挑花技艺的课堂。为了确保像挑花这样的非物质文化遗产的传承和发展，我们县采取了积极的应对措施，在财政十分紧张的情况下，建立了非物质文化遗产保护工作的财政投入机制，普查经费、科研经费、传承人传承补贴等全部列入财政预算。县委、县政府还通过群众喜闻乐见的方式，在非物质文化遗产重点乡镇举办传统文化活动，以提高群众参与非物质文化遗产保护的自觉性，而这样的力度，在全省乃至全国都不多见。

　　在家族传承方面，主要是让挑花技艺在家族中世代传承。在瑶族传统观念中，瑶族男子是不挑花的，一般是妈妈传给自己的女儿或儿媳，代代传承使得花瑶挑花不至于失传。自古以来，我们花瑶女性从小就通过长辈的口传身授学习挑花，我们常将绣品针线随身携带，利用劳动间歇进行挑花。但是，如今村寨里的大部分姑娘都外出打工了，在生活中基本上远离了这种技艺。而留在寨子里的姑娘们，也没有老一代人的耐心与钻研精神。为了节省脑力，有的先在布上画好图再挑，但是挑出来的图案比根据传统技法挑出来的呆板，不经看。不仅如此，现在这些爱美的姑娘心中向往的是外面时髦的服饰，再加上花瑶的服饰穿起来过于繁杂和累赘，所以她们中很多人都喜欢穿现代服饰，这对挑花也产生了不小的冲击。针对这些情况，我们需要大声呼吁，让大家重视挑花技艺的家族传承，同时采取一些对家族传承进行奖励的措施。

瑶族织锦

用勤劳的双手编织美丽人生：黎柳娥

访谈时间： 2022 年 2 月 13 日

访谈地点： 湖南省江华瑶族自治县大路铺镇鹅塘村黎柳娥家

访谈对象： 黎柳娥　黄翠兰

访 谈 者： 龙怡安　龙运荣　谭世平

访谈手记： 瑶族织锦技艺千古流传，有"少数民族织锦活化石"之称。汉代以来，瑶族就以织绣的各种花色图案作为衣裙、被面、头巾、腰带、绑腿等物品的装饰。瑶族织锦八宝被制作技艺具有显著的手工特色和民族识别性，是瑶族最具民族特色的手工技艺之一。2016 年，瑶族织锦入选湖南省第四批省级非物质文化遗产代表性项目名录。黎柳娥是江华瑶族织锦八宝被传统技艺的代表性传承人。

黎柳娥，女，瑶族，1956 年出生在江华瑶族自治县白芒营镇白头山村，湖南省非遗项目瑶族织锦（瑶族八宝被制作技艺）省级代表性传承人。黎柳娥从小酷爱瑶族织锦，跟随长辈学习织锦技艺，熟练掌握瑶族八宝被的制作技艺，所生产的八宝被色彩鲜明、做工优良、图案生动而富有想象力，堪称瑶族织锦的精品。黎柳娥广泛收徒授艺，培养了许多瑶族姑娘学习瑶族织锦八宝被制

⊙图 8-1　黎柳娥

作技艺，曾先后到武汉、黄山、长沙等地参加非遗展演活动，为瑶族织锦的传承和发展做出了积极贡献。

项目简介

瑶族织锦（瑶族八宝被制作技艺）于 2016 年入选湖南省非物质文化遗产名录。

瑶族的历史文化源远流长。从先秦时期的"荆蛮"，至两汉、三国、两晋、南北朝时期的"盘瓠蛮"，隋唐的"莫瑶"，宋代以后的"瑶"，绵延不绝。技艺高超绝伦、图案奇异斑斓的瑶锦就是在这漫长的历史中孕育发展起来的。宋代，瑶人纺织工艺与印染、蜡染技术得到高度发展，有"瑶人以蓝染布为斑，其纹极细。……夫染斑之法，莫瑶人若也"① 之盛誉。及至清代，纺织刺绣工业更加发展，故史有"瑶妇衣尚刺绣，皆自为之"② 之赞。"南岭无山不有瑶"，自宋元年间瑶族辗转迁徙至南岭山地以来，江华就是瑶族历史上重要的中转站、地理上的大本营和文化的发祥地，有"神州瑶都"之美誉。

瑶族女子从七八岁就开始坐在土织布机上，由阿妈或姑嫂教授纺织与刺绣技术，她们纺的、织的大都是婚嫁用的物品与衣饰，常见的有荷包、头巾、花带、背带、被面、帐帘等。最有地方民族特色的是产于江华大路铺、涛圩、河路口、大石桥，广西富川、钟山等一带的八宝被，它是心灵手巧的瑶家妹子将诗文与图案结合编织出的瑶族织锦精品。瑶族八宝被由各种彩色棉线镶配纺织而成，图案大体有丹凤朝阳、金龙出洞、双狮抢球、喜鹊登枝、鸳鸯戏水、鱼水合欢、麒麟送子、龙凤吉祥八种，应了八卦之数，因而俗称八宝被。这种被单织锦图案奇异、内容丰富、工艺精细。千百年来，以瑶族八宝被为代表的织锦文化在人们的生活中扮演着至关重要的角色，并以绵绵不绝的生命力，跨越时空，一直延续至今。八宝被被誉为"少数民族织锦文化的活化石"，是中国民族

---

① 周去非. 岭外代答［M］. 北京：中国书局，2018：199-200.
② 博恒，等. 皇清职贡图［M］. 沈阳：辽沈出版社，1991：359.

织锦文化中的一朵奇葩。

⊕图 8-2　黎柳娥的织锦作品（龙运荣　摄）

我的家境贫寒，最大的遗憾是没读到书

　　我叫黎柳娥，今年 65 岁，出生于 1956 年农历六月十六日，娘家在江华瑶族自治县白芒营镇白头山村，距离我现在住的这里要走一个小时左右的山路，这里已经很偏僻了，我娘家则是在真真正正的大山里。父母一共生育了四个孩子，我是老二，上有哥哥，下有弟弟和妹妹。现在四兄妹都还健在，但是都住得很远，想见面只能通过微信视频。我不认识字，只能趁着小辈们在家的时候跟兄妹们视频，但是他们也不一定有空，所以也是见面很少。

　　我从小就跟着大人做农活，如放牛、种棉花、种红薯，什么都做，不过只有放牛相对轻松一点。我七八岁的时候家里还只有两个孩子，大哥当时已经可以跟着大人在田里干活，我就只用帮家里放牛，每天牵着牛在山上到处转，要注意不让它吃别人家的红薯叶、水稻、菜叶等，但是我家养的那头牛特别聪明，只要你喊它两声它就回来了。

每次在山上放牛的时候，我不像其他的孩子那样爱玩，就在牛旁边找个空地，拿针线编织装东西的小包小袋。瑶族女子从七八岁开始就坐在土织布机上，由阿妈或姑嫂教授纺织与刺绣技术，纺的和织的大都是婚嫁用的物品，常见的有荷包、头巾、花带、背带、被面、帐帘等。我们过去很讲究女工的，哪家女孩子的手工做得好，这家家长就很有面子，将来女儿出嫁就都很有地位，婆家也会很喜欢。特别是出嫁的时候，全村人和亲戚朋友都要来观看女孩子织的各种被面、围裙、头巾、背带，都要点评的。做得好，就会赢得大家的称赞，父母感到脸上很有面子，婆家也会很有面子。如果做得太差，会被人看不起，父母没面子，婆家也没面子。因此，大人们在我们很小的时候就告诉我们这些道理，让我们从小就好好学习织锦。我是很下功夫的，也很喜欢织锦。

一开始，我只能织一个放得下几个鸡蛋的小布袋子，而且技术也不是很好，松松垮垮的，花纹也不好看。不过织布一般都是全家的女性一起做，虽然我妈妈姑姑她们都没有教过我，但我总会在旁边看着她们做，只要自己碰到问题就在她们的织机旁边蹲着看好一会儿。别人教的东西都容易忘，只有自己体会到的东西，现在都还在脑子里。我大姑姑是一个十分能干的人，总是织得最快最好的那一个。

随着年纪一点点大起来，我的手也越发地熟练灵活，织品也从只能装几个鸡蛋的小袋子变成可以装好几个玉米的大袋子，到后来能织可以装大南瓜的很大的袋子了。到了十三四岁，本来早就是该读书的年纪，但是那时候我们这个山里的村子还没通水泥路，如果想去读书要走一天山路，我又是个小姑娘，而且大瑶山里到处都有野兽，20 世纪 50 年代听说还有老虎、豹子呢；再加上家里六七张嘴要吃饭，那个年代是种出什么大家就分什么吃，一般都是以喝稀饭为主，虽然是可以勉强吃饱，但是一年到头看不见多少肉花。为了生活，我就没有去上学。四兄妹中，就我没有读书。不得不说这是我最大的一个遗憾。我现在都还后悔，但是没办法，那个时代，没有读书的人太多。真的是想读书也没有办法去读书，然后一拖就拖到了现在。现在看到晚辈们玩手机笑，我特别想知道他们是在笑什么。但是不认识字，我也是没办法。

记得 8 岁的时候，我就可以和大人一起踩纺纱车了，不过我们一般都是用自己地里种的棉花，采完之后整理好，就可以上织机织了。

一般我们家里的织机都是专门放在堂屋，因为堂屋大，光线好，晚上就点着煤油灯，我陪着妈妈和姑姑一边织一边说笑，那是我最快乐的一段时间。

过去我们农村实行的还是生产队集体劳动。我 13 岁开始挣工分，成年男子是 10 分，女子是 8 分，我当时只有 3 分。晚上回来做手工织布。到了十三四岁的时候，下面两个弟妹就又到了可以放牛的年纪，我就只能到大队里出工了。不过我们这里田比较少，这个山上面一锄头挖下去都是石头，也不好开垦种什么。我一般都是在家织布，累了，想休息下，顺便帮家里挣点工分就去队里劳动，一般就是打打猪草，在田里到处看看，有什么要帮忙的就去帮忙。

我从小就不喜欢到外面玩，有时候要去白芒营办事，虽然只有一个半小时的山路，大概是八里路吧，但我总是走得特别快，办完事了就赶着回家，一回家了就继续织布。别的孩子都觉得我有点问题，但是我就是不喜欢出去玩，在家里闲着不如帮忙做点活，织好的布还可以拿到镇上卖点钱，有钱了就可以买肉吃了。

我 21 岁出嫁，3 年后生下大儿子。我大儿子很懂事，在江华四中读了一个学期，看着家里穷，就退学了，外出打工，3 元一天的工钱。他 14 岁学盖房子，从当学徒的地方背杉树到田冲去卖，每天往返两次，往往天黑才到家。

后来，孩子们都长大了。大儿子两口子在乡里搞室内装修，顺便照顾三个孩子。老二和老三都是带着媳妇在广东打工，他们两兄弟娶的都是四川媳妇，打工时认识的。大儿媳妇织瑶族织锦的速度很快。白芒营、涛圩、大石桥、大路铺等乡镇是梧州瑶族聚居地，这里的瑶家妇女勤劳善良、心灵手巧，都擅长织八宝被。

我们的鞋子衣服都是自己做的，一针一针，慢慢挑，非常难做。布上的花纹都是自己在生活中看到的好看的景物，然后自己再照着照片，想着这个要怎么在布上织，再一点一点织，错了就用针挑掉，还有些花纹必须用不同方法，大部分的图案是来源于生活，还有些是龙、凤、麒麟等传统图案。就前段时间，我还为建党一百周年织了一套作品呢。

△图8-3 黎柳娥展示自己的作品
（龙运荣 摄）

不过，我们小时候做的东西都很简单，因为材料和机器都不太行，特别是大人们能织布的时间都比较少，也都是赶着穿，赶着用，所以都做得比较简单，一般都是万字纹、花草之类的。而且我们各个地区衣服的花纹还不太一样，有些人喜欢这个，有些人喜欢那个。但由于我们织出来的布都是在附近卖，大家都织一样的，就不太好卖，只能比谁织得更好。

八宝被是我们瑶族妇女智慧的结晶

织锦是我们瑶族人民生活中必不可少的组成部分，显示了我们瑶族妇女的心灵手巧和智慧才华。

瑶族织锦反映了我们江华瑶族的风土人情、山水地理和聪明才智，和瑶歌一样，我们瑶族织锦主要是依靠口口相传的方式传承的。我们瑶族过去没有文字，就靠跟着师傅通过看、通过手把手教来学习的。

八宝被是瑶族织锦中的一种，是平地瑶妇女最喜爱的手工艺品。江华瑶族八宝被以三幅相拼、四周镶以土法染制的深蓝黑被套成形。除用作被面外，还用作小孩包被和妇女姑娘们的头巾，及竹藤篮盖帕等日常用品和姑娘的定情物、嫁妆。八宝被经线起花工艺及瑶族挑花绣枕头帕、织彩带工艺，均呈现出古朴庄重、精美富丽的整体风格，特别是八宝被线条的粗犷雄健，展现了我们山里瑶族耿直淳厚、矫健彪悍的民族气质。八宝被被面上多织有犀牛望月、双狮抱球、麒麟送子、金蛇出洞、丹凤朝阳、葫芦藏宝、蟠桃庆寿和富贵有余等八种图案，所以大家把它叫作八宝被，取吉祥象征之意。

也有人说八宝被是有历史来源的，盘古开天以来，地生万物流传。流传于八宝被的信物是哪八宝呢？主要是天宝、地宝、人宝，还有金、木、水、火、土五宝。天宝，就是人老（死）了，要用被子盖在身上，安身立命。地宝，就是人死后入土时垫入人身下面用的被子，没有八宝被，也可以用家织布来垫上。人宝，就是人要穿暖和保过冬。金宝，就是人的一生虽以金为交易，但要有满足感。木宝，就是人的一生中离不开树木，棉花是植物，是人生世界永远不可缺少的物质基础，所以用棉花来纺纱织布做成八宝被。水宝就是八宝被上面有水路，用 36 双金线（多种颜色的丝线）才能绣出这条水路，水路有闰年闰月。八宝被的加工，要水煮（煮纱）、过浆（过米浆）、染色，只有经过多道工序，纱才好用。火宝，八宝被加工过程中需要火来升温加工，如被子湿了可以火烤。经火历练出来的生活，才是有滋有味的。在水煮、过浆、染色过程中也需要火，人的生活离不开火。土宝就是种的棉花，离不开土壤，土壤需要协调，可种可收，要耕耘，懂收获，做到秋收冬藏。加上瑶族人喜欢追求有创意的动物形象，最后八宝被演绎成八种动物的形象了。

八宝被纹饰带中的三四十种纹饰大多是几何纹和花草纹及动物纹，都是靠织者想象的。也有一些简笔字纹和诗词民谚纹，简笔字纹常见的有田、喜、由、井、古、王、土、山、出等。也有一些诗词，如"香莲碧水风凉洞，水动风凉夏日长。长日夏凉风动水，凉风动水碧莲香"。还有由十个同样的字组成的，可以从四个不同方向辨认。常见的还有"人人都说青春美，青春活力靠拢来。友谊花开春长在，花开青春幸福来"。我因为不认字，不知道怎么写，我让我的徒弟和孩子们把这些字通过图片打印出来，我就可以照着织了。

八宝被工艺精美、冬暖夏凉、结实耐用，是我们瑶家手工艺品的精品。我们瑶族长期生活在深山峻岭，所以织锦纹样多为方形、菱形、三角形等几何形作对称连续排列，组成山峰、巨龙等象征性图案，色彩多用大红、桃红、橙黄等暖色调，间以蓝、绿、白、紫等，色彩鲜明强烈。我们的织锦多为棉经丝纬，腰机织造。

我们瑶族织锦跟其他民族的织锦不相同，是典型的经线起花工艺，就是说经线为不同的单元颜色，纬线为单一底色，不断纬，花纹由经线显出，类似于花带的织法。主要花纹有万字纹、几何纹、文字纹、植物纹、动物纹等。用于被面的色彩素净，线条古朴，花纹韵律性很强，用于服饰的则色彩艳丽。

瑶族人自己种棉花、染色，家家户户纺纱织布。连被里被面都自己织做。妇女们把织被子的丝线，先用蓝靛染成蓝青色，并间以白色，用从市场上买来的彩色丝线配织，织出色彩艳丽、图案美观的被单。

瑶族八宝被制作技艺于 2016 年被列入湖南省非物质文化遗产名录。八宝被生活气息浓厚，制作工艺精细，织染技术高超，图案构思奇巧。可是，以前在农村习以为常的瑶族手工织锦，现在却面临失传的危险。入选省级非物质文化遗产名录后，社会各界又重新重视我们瑶族的传统织锦工艺了。

我们瑶族织锦各种花纹来自织造者对生活的感悟，如太阳花纹（太阳成了八瓣花纹）、万字纹（代表太阳）、寿纹、谷物纹等。织锦类主要是被子、头帕、围裙、篮帕、肚兜等，被子主要是八宝被。完成一床八宝被的制作，需要一系列的工作，从纺纱织布到图案花纹，都通过织布机来完成。八宝被有大花八宝被和小花八宝被，大花是红色的大花，小花是绿色的小花。大花是绣字，小花是配上龙形。字有繁体字，有草体字。八宝被主要是红、蓝、青三种颜色的组合。

我们的八宝被早几年曾经卖到俄罗斯、德国等地方，价格一般是一两千元一床，本地卖的价格也在几百上千元一床。绣织八宝被是各人的意愿，图案由各人创作。制作八宝被纯粹是手工，一块被面往往要织上数十种花纹，历时两个月甚至更长时间。织被面用的是麻或纱线，经过漂、煮、晒、洗、染等数道工序，再一圈圈地绕在梭子上，准备上机。

我们瑶族人的绣花鞋称为勾嘴鞋。前头翘起尖尖的代表鸟崽嘴，是女性鞋子的一种标志，它寄寓了秋后的收获，表示百鸟朝凤，女鞋的寓意就是凤。男鞋的寓意就是龙，还会在勾嘴鞋的翘嘴边绣出太阳。万物生长靠太阳，人的生活更离不开太阳。瑶族 12 月花（12 种花）都可以绣在鞋的两侧。绣花鞋上绣出的鸟嘴还寓意方便吃食物，即表示家庭盈实富足。

绣花鞋的两侧，多数是动物形象，也有植物形象，都有寓意。鱼表示的是年年有余；牛有牛角，这是农家宝；还有宝书，以书为宝，书是长智慧的；还有宝葫芦、金元宝，天上飞翔的小鸟、天上浮动的祥云，还有勤劳的蜜蜂，等等。绣花鞋的鞋尖稍微翘起，一般绣上太阳、长鼓、莲花、鱼、龙、人等，还有宝葫芦、哪吒闹海、金龙出洞、犁田的耙子、葫芦出世、鱼进竹篓、蝴蝶纷飞；还有书和书架，有山有树，有人有田，有长鼓；还有"出来"的"出"，"师傅"的"师"，"一万"的"万"，瑶族的"万"字有很多的寓意。反正，图案都是有用意的。比如太阳，太阳是带来温暖的，凤凰是朝着太阳飞翔的，太阳预示着光明、热爱、温暖，阳光是万物之源。还有福禄寿、花鸟鱼虫都有用意。瑶族背带有龙、凤、鸾鸟，还有麒麟和鹿等，各种动物都有自己的含意。

我们江华有专门的织锦工厂，有很多织娘在那里干活。江华有凤妹子民族服装厂、江华旅鼎文化创意有限公司、客姑妹瑶族织锦店等 3 家瑶族织锦厂直接对接市场，其中由郑有凤 1998 年创办的民族服装厂的特色是土洋结合，时尚创新，突破传统，让更多的人认识到瑶服的文化蕴意和历史风味。

八宝被的编织工序很复杂。我前面说过，瑶族八宝被采用典型的经线起花工艺，即纬线为单一底色，经线为不同的单元颜色，不断纬，花纹由经线显出。织被里用的是棉纱，经过漂、晒、洗、染、浆等数道工序，先纺成纱锭，把纱锭牵拉成纬线，再把小纱锭分别放入几个梭子中，作为经线，让经线在纬线中交叉穿过，就织成了平整密实的"家织布"。

织被面时用白色的纱线作原料，搭配用自制的蓝靛染成蓝色、青色的纱线织成被面，将被面镶嵌到被里组合成八宝被。

⊕图8-4　八宝被图案"跳长鼓舞"（龙运荣　摄）

八宝被的原材料一般用丝、毛绒、棉线较多，以素线作纬，彩线作经，相互交织，其纬底线被经纱紧紧包住，不露于织物表面。就靠这个竹签，把花纹挑出来，再把经线穿过去，之后，它就会形成一个凸点，八宝被花纹由经线显出，类似于花带的织法。八宝被的花纹不拘一格，可以是文字、几何图案，也可以是植物、动物纹等。

在颜色的运用上，瑶族织锦很有特色。用于被面的一般颜色素净，线条古朴，花纹韵律性很强，要巧妙地运用黑、白色作间隔及连缀，华而不俗，和谐统一，而又有强烈对比，整个色调协调而又丰富，有新颖、独特、浑厚的特点。用于服饰的就要艳丽、亮一些，善用强烈的对比色调，以红、橙、黄、绿、蓝、白等色为主，五彩缤纷，古艳厚重。

瑶家姑娘以色彩对比强烈的丝线为经纬，用长七八十厘米如牙签般细小的竹签挑花，光滑的木梭子来回穿梭将八宝被织成。八宝被工序复杂，手工织一幅普通大小的织锦需要近80道工序，要用上百根竹签，花约两个月的时间才能完成。

现在也有人尝试着用机器去编织，但是最后发现图案可以模仿，机械化产品会缺乏手工制作的那种颗粒感和层次感。瑶族八宝被是不能用机器生产来代替的，只能纯手工制作。这也是八宝被价格比较贵的原因。

主要传承方式是家族式传承

八宝被的传承主要是家族式传承。我身边一直跟着我做的徒弟有两个，一个是黄翠兰，一个是黎花秀。黄翠兰是我侄媳妇，现在是市级非遗传承人。我在家里成立了传承中心，每年有很多本地的学生来参加短期培训。2018年举办过第二期瑶族织锦培训班，参加培训班的有二十多个中小学生。2019年，我们也举办了瑶族织锦技艺培训。

我们的织物以鞋子、腰带等为主。我一个人忙不过来，所以早早就招了几个徒弟，不过都是亲戚，都一直跟着学，有一个现在在瑶寨上班，她那里卖得好。

家里的话，大儿媳是本地人，瑶族，会编织，而且速度很快，可惜她要忙于养家糊口，没时间来做。家里三个小孩啊，开支很大。

近些年，我和我徒弟们参加了很多有关非遗的培训、宣传和展演活动。

2016年6月，我在益阳参加湖南工艺美术职业学院湖南省非遗传承人普及培训班。上课之余，我应邀为来自湖南各地的湘绣、侗锦、瑶锦60名非遗传承人讲课并现场传授瑶族织锦技艺。

2017年12月13日，第二届长江非物质文化遗产展在武汉举办，来自长江流域各省市500余项国家级以及省级非遗项目、1000余位传承人、2万余件非遗展品集中亮相，讲述长江流域非遗故事，展现长江流域非遗保护成果。我和陈春秀、黄翠兰带去了江华瑶族的八宝被、绣花鞋等瑶族织锦精品，好多记者和观众来观看，都夸我们的产品漂亮。

2019年5月19日，在江华瑶族自治县职业中专学校瑶族织锦基地，我为参加"弘扬匠心精神·传承民族文化"瑶族织锦技艺培训班的学员们讲解八宝被的构思设计以及挑花、斜纹、平纹编织技艺，传授八宝被的漂、晒、洗、染、浆等工艺流程，为江华做大做强瑶族织锦特色文创产品培养后备人才。

我常常到外地参加传承展演活动，去过武汉、黄山、长沙、永州等地。现在有好多地方都邀请我们在现场织布，不过我们还是以定制为主。有腰带定制，还有花鞋定制，参加表演的人们要穿，我们定制得很多。

2021年，"湘水同源·文化同根"非遗健康生活邀请展在永州万达广场开展，我们现场展示了瑶族织锦。十个人、十个摊位进行现场直播带货，当天线上同步观看人次达100万以上。

2021年，我们非遗传承人到长沙开会。会上要求我们多带徒弟，要带新徒弟。现在，只要有人喜欢，我就毫无保留地教。

⬆图8-5　黎柳娥在向徒弟黄翠兰传授织锦技艺（黎柳娥　提供）

我侄媳黄翠兰自幼跟随我学习织锦技艺，是瑶族织锦第五代传人、市级非遗项目代表性传承人，也是湖南科技学院的外聘教师。她现在嫁到江华，对瑶族织锦很热心，在白芒营镇创办了瑶锦研习基地，开设培训班，积极传承。她和她的团队开发了一系列工艺品和日常生活用品，如香包、挂件、手袋、挂画、瑶族婚礼"四件套"、家居装饰物等，以手工"瑶嘟嘟"小挂件为代表的手工艺品，好多人都很喜欢。

为发展瑶族织锦，黄翠兰和她的团队还带动大家织绣织锦，大家可以将自己的织品交给她，由她卖给客人。将瑶族传统织锦元素运用到围巾、床单、背包等符合现代人需要的装饰上，在市场上十分走俏。

黄翠兰：我们的责任是把这些美好的织锦文化推广出去

因为我姑姑是瑶族织锦省级非遗传承人，她手艺比较精湛，所以我就拜她为师，认真地跟随她学习瑶族织锦的传统手工艺。作为新一代年轻人，我觉得不应该只是学会做，更大的任务、更大的责任应该是把这些美好的手工艺品和织锦文化推广出去。

在师傅黎柳娥的影响和指导下，我系统地学习瑶族织锦传统手工制作技艺，擅长制作八宝被。我对瑶族织锦尤为喜爱痴迷，而且在织锦技艺上敢于大胆创新，技艺精湛，具备很强的创新研发设计能力，现已成为江华瑶族织锦市级代表性传承人。这几年我走访了多个县市，利用自己有限的资金收集瑶族织锦老物件 160 余件，整理归纳传统图案近百种，学会并记录保存了江华本地的 10 余个传统手工艺项目，抢救收购了 30 多台老式原始织锦机，为瑶族织锦八宝被制作技艺研究保留了原始资料。

后来，我在收集整理这些老物件时发现，原来我们瑶族织锦图案是那么的丰富，比如说有动物纹、植物纹，还有一些数字纹、几何纹，我越整理越对瑶族织锦有信心了。从 2018 年开始，我们每年都在传承基地开展两期培训班，为江华客姑妹瑶族织锦公司的瑶族织锦技艺培训班授课，多次到江华瑶族自治县职业中专学校瑶锦工作室传授瑶锦文化和织锦技艺，培养出黎雨轩、黄倩莲、苏远香等几十个织锦能手，播下了瑶族织锦八宝被制作技艺的传承种子，让瑶族织锦技艺的精髓得以传承与发扬。只要年轻人喜欢学，我就把我所会的都教给他们，从最简单的开始。很多人刚开始什么都不会，到现在基本都可以自己操作了。我现在最大的愿望是培养更多的年轻手艺人，带动一些跟我一样有共同爱好的年轻人，一起挖掘、创新和推广，让瑶族织锦走出大瑶山，让更多的人了解和喜欢上瑶族织锦。

2015 年，江华瑶族自治县引进江华旅鼎文化创意有限公司。这家公司与江华瑶族自治县职业中专学校实行校企合作，联合研发瑶族旅游产品，将瑶族织锦中最典型的特色图案，经过电脑设计、调色、数码印制，自主创新研发瑶族围巾、被单、鞋子、包包、壁画等，丰富了瑶族织锦的款式，增强了瑶族文化的表现力、感染力、传播力。我觉得这是一条很好的路子。

2018年以来，江华瑶族自治县面向全县开办瑶族织锦免费培训班，为瑶族织锦培养后备人才。为做大做强民族文创产业，全县还在有织绣瑶族织锦习惯的大路铺镇宝昌洞社区村、白芒营镇小贝社区村、大石桥乡井头湾村等地建立瑶族织锦生产基地，按照"公司+基地+农户"的模式，学校免费培训，公司提供原料、负责销售，农村妇女在农闲时间织绣，交成品按件领取工资。目前，我们江华生产的瑶族服饰、被单、鞋子、包包等20多种产品，远销广东、北京、内蒙古、甘肃等20多个省（区、市），全县从事瑶族织锦织绣的已有1200余人，其中专职从事织锦织绣的贫困妇女就有上千人。

⊕ 图8-6 黄翠兰展示自己的作品（黄翠兰 提供）

其实，提起八宝被，我觉得过去还是很受欢迎的。从前在女儿出嫁前，母亲都要连夜赶织八宝被作为女儿的嫁妆，寄寓着母亲对女儿深切的情感与祝福。我自己当年出嫁之前，母亲和姑妈就是这样为我精心织出八宝被陪我出嫁的，所以我对八宝被有着深厚的感情。但是，现在有很多80后、90后已经不知道织八宝被，她们也不喜欢用了。我真的担心有一天这项承载着瑶乡独特记忆的技艺就此消失了。

发展非遗，我觉得还是要不断地去尝试，要敢于创新。2018年，我的作品瑶族织锦《繁花似锦》获得了湖南省首届少数民族传统手工艺品展演金奖。我打破了瑶锦单竹签挑单层经线单色的传统技艺，创新瑶锦织法，尝试用单签把底面两层经线来回挑起，双色搭配，我觉得这样的尝试是有意义的，给了我们很多新的启示。

2020年，新冠疫情暴发，作为一名非遗传承人，我觉得应该为抗疫做点贡献，我们用传统瑶锦技艺制作香囊，为一线医护工作人员祈福。这个祈福香囊图案采用了瑶锦手工织法，我选用了两种传统图案，蝴蝶可以纳福，狮头可以辟邪，同时加入了瑶家特有的香草，希望保佑他们平安归来。

作为一名年轻的普通瑶族姑娘，我觉得有责任去传承和发展我们民族的宝贵文化。做好瑶族织锦的传承和发展工作，需要不断去创新，只有创造出新的符合现代发展潮流的东西，才能吸引年轻人的眼光，才能有发展的空间和可能。

瑶族医药风湿骨痛『贴丹灵』疗法

医者，积德行善也：罗振宏

访谈时间：2022 年 2 月 13 日

访谈地点：江华瑶族自治县白芒营镇罗振宏诊所

访谈对象：罗振宏

访 谈 者：谭世平　龙怡安　龙运荣

访谈手记：2022 年 2 月 13 日，恰逢当地赶集，我们来到江华瑶族自治县白芒营镇桥头，找到江华瑶族医药风湿骨痛"贴丹灵"疗法传习所，门口"免费咨询看病、修心积德"的贴纸特别引人注目。两大间房里挤满了来自各地的患者，墙上挂满了不同大小的感谢锦旗，湖南省非物质文化遗产的牌匾告诉我们，眼前这位敦实朴素的汉子，就是远近闻名的瑶族风湿骨痛"贴丹灵"省级非遗传承人罗振宏了。

罗振宏，男，瑶族，1970 年 3 月出生在湖南省江华瑶族自治县涔天河镇鹧鸪坝村，是瑶族风湿骨痛"贴丹灵"疗法第十五代传人、省级非遗传承人。罗振宏依靠祖传瑶族医药方法，专治风湿痹症痼疾，疗效显著，受到患者一致认可。

⬆图 9-1　罗振宏

项目简介

瑶族医药风湿骨痛"贴丹灵"疗法，瑶族方言叫"贴灵丹法"，是江华罗氏祖传瑶族医药技术中的一项独门绝技，2012 年列入湖南省非物质文化遗产名录。在江华瑶族自治县的沱江、东田、白芒营、水口、码市、大圩等地，"贴灵丹法"最为流行。风湿骨痛"贴丹灵"疗法形成于明末崇祯年间，已有 300 余年的历史。罗氏世代从医，擅长治疗顽固性风湿、骨痛等，传至罗振宏已是第十五代。

瑶族医药风湿骨痛"贴丹灵"疗法分四个步骤。

首先是贴丹。先运用祖传方法和现代的拍片、化验等医学技术，对患者疼痛部位进行诊断，在保证不损害皮下、肌肉组织中的血管和神经的前提下，用从大瑶山采集的鲜草药制成的丹药实施贴丹治疗。一般是以疼痛部位为病穴，在该部位贴丹，顺着痛点疏通经络、理气、活血、散瘀、祛风、除湿。贴丹时间为 24 小时，之后将丹药取下，这样就完成了第一个步骤的治疗程序。

其次是抽吸。在取下丹药的同时，对丹孔进行局部消毒，再实施抽吸疗法。从前使用经消毒的竹筒、羊角、牛角、玻璃瓶等在贴丹部位拔罐抽吸；现在用真空罐、无针头的一次性无菌注射器在贴丹部位抽吸。这样，促使患者患病部位的瘀血、湿气、毒液从丹孔中排出体外。在实行抽吸疗法时，每个丹孔每天抽吸一次，抽吸时间为 30 分钟，取下抽吸器具后，用药物散剂敷丹孔。此法一般为七至十五天。

再次是内治。根据病情轻重、体质强弱、男女老少，从大瑶山采集天然草药一猴、二虎、三钱三、八角、九牛、金狗毛、走马胎等，并加入野生或家养的动物骨、肉、内脏，依据祖传方法加工、炮制，按照季节，针对寒热四肢、颈骨、腰骨等对患者进行用药治疗。同时，采用瑶族医药"见荤则补、见酒则打"独特而传统的方法服药，增强药物的治疗效果。具体方法就是将医师配好的药用水煎，煎好后待温，然后用瑶族瓜箪酒一至二两冲服。服完药后，嘱患者卧床休息半个小时，以出一身微汗为宜，一般七至十五天为一个疗程。

最后是外洗。也就是通常讲的"药浴疗法"或者说洗药水澡。这是一种辅助疗法，分局部浸泡洗调和全身浸泡洗调两种方法，根据病情选择使用。其主要功能是改善局部血液循环，疏散风寒，祛湿理气，活血伸筋，起到协同治疗作用，使患者肢体活动能力快速得到恢复。这道程序，就是"贴丹灵"疗法中的独门绝技。实质上，它就是采用治风先治血、血行风自灭的原理，实行内外兼治的方针，以痛点取穴贴丹、顺着痛点筋脉找穴施治，疏通患者全身经络，改善患者局部血液循环，达到治愈各种顽固性风湿和骨痛病的一种治疗方法。这种疗法最适应各种风湿性关节炎、类风湿关节炎、大骨节病、四肢麻木、骨质增生、腰椎间盘突出、颈椎病、肩周炎、半边风、坐骨神经疼痛、陈旧性骨折疼痛等。

艰难学医，心系大瑶山百姓生命健康

我叫罗振宏，1970 年 3 月出生在湖南省江华瑶族自治县涔天河镇鹧鸪坝村，是瑶族医药风湿骨痛"贴丹灵"省级非遗传承人。我们那里到处都是原始森林的大山区。我对原始森林很有感情，因为那是生我养我的地方。后来，因修建涔天河水库，党和政府让大瑶山里的瑶族同胞搬到山脚下来住。我们村子叫鹧鸪坝，因为过去有很多的鹧鸪鸟在坝上面栖息，因此得名。原始森林的边缘地带都属于涔天河镇管辖。涔天河水库修建后，涔天河镇的一部分归沱江镇管辖了。涔天河镇有高山瑶、平地瑶、过山瑶等不同的瑶族支系。因为修建水库占用了我们的田地，国家对水库移民给予了补助。

我出生的年代，生活十分困难。家里兄弟姊妹很多，我母亲一共生了 12 个孩子，活下来的有七姊弟：六兄弟加一个姐姐。我的祖辈都是医生，从我记事起，我爷爷和父亲、母亲就经常给人看病抓药。我父亲同时也种田，在农村，种田是主要的经济来源。我叔叔也是种田行医。我基本上是吃红薯丝长大的，只有过年过节才有猪肉吃。小时候最喜欢过端午节，因为每到这个节，爷爷、父亲把在大瑶山里采的草药拿到县城去卖，卖掉草药就有钱买猪肉吃。即便我们家是这样穷苦，但是相比其他一般家庭，我们家也还算是好一些的了，因为我爷爷、父母给别人治病，多少还是有些收入的，即便有的看病付不起医药费，也会给几个鸡蛋或者半边鸡肉抵作医药费，所以我们家还是比一般家庭好那么一点点。

我爷爷罗明宗生了 6 个儿子、2 个女儿，我父亲是老大。我父亲也生了 6 个儿子，我是最小的一个。我家十五代行医没有间断。我们从小就很爱好医学，从懂事开始就接触瑶医。我家老房子门口有一块大石板，常常用来捣草药，本来是平的，长年累月捣草药，捣出了一个很深的坑。我母亲很聪明、很善良，也有文化知识，她主要从事接生。我们瑶族地区过去没有正规的医院，生孩子都是在家里生的，就是靠懂医的接生婆来接生。一个村一千多人，一般有两个接生婆。

我是跟着父亲和叔叔学习医药知识和武术的。家里六兄弟中，学习、传承瑶医的只有 3 个。很小的时候，我就跟父亲和叔叔去大山中采药。我六七岁的时候，爷爷 80 多岁，年纪大了，教不了我，但是爷爷对我们的影响很深，一直要我们学习瑶医。

瑶医所用的草药来自大瑶山，一般都自采自用，多采用鲜药，平常亦将采回的草药洗净晒干备用。一般根据药物的性能，搭配使用，常无固定的配方，各种草药的分量，凭医生个人的经验确定。

采药大多在端午节前后进行。端午节是我们这里和广西很多少数民族的传统节日——药王节。这一天，我们会举行祭奠药王的活动，进行药材交易，村民们交流养生保健知识。那时候草药的叶子都长出来了，到冬天没有叶子了，就很难采。端午节前后，整个江华县城都是中草药，很多外地客商来收购。冬天也去采，但只能采根、茎部分的草药。

我们过去都是到大瑶山里面采药，几个礼拜在里面都不出来。我叔叔、我父亲跟住在大瑶山里的瑶族同胞都是好朋友，去了就住在他们家里，采到很多药就出山来。现在我们没有时间上山采药了，住在大瑶山上的那些朋友就给我们送药材，我们出钱收购。

我小时候就接触过这些草药，要学习采药，要认识这些草药的特征、药性、功能等。边学采药边跟着父亲行医，通过观察、模仿和尝试进行学习，当然父亲也会主动教我。比如有需要接骨的患者，父亲采了哪几种药，采回来怎么加工，加工以后怎么用酒去炒，炒了以后怎么去帮人接骨；还有治疗中毒、牙痛、胃痛等，用什么药，如何加工、使用，这些药材、流程我都会在旁边仔细观察，熟记在心里，不懂的就问。我小时记性很好，一看就会。如果一个人采药，就只能在村庄附近采，去原始森林采药都要几个人一起去，那里面危险很多。碰到野猪，它发脾气可能要了你的命，你再有功夫，也搞不过它的。一般我们去采药还要带药，带那些防毒蛇、蚊子的药。去采草药，去两三天的有，去一个礼拜十来天的也有。背一个箩筐，带些饼干、啤酒就去了，很开心，人多也很好玩。

上山采药有危险，经常会碰到各种毒蛇、野兽等，所以我们瑶族人基本上都学了一些拳脚功夫，用来护身。我爷爷、父亲、叔叔他们都会武术。我有个叔叔，武功了得。我以前也习武，习武强身健体。以前瑶族有学习武术的传统。过去我们这里去古城挑货，一二十个人一起，用我们本地的大豆、绿豆、茶油换回食盐、洋油（煤油）、洋碱（肥皂）等，都是挑着担子来回，几十斤，一路挑着。中间要经过广西大山，大山有土匪，不学点武术是不行的。人少了，挑的东西全部给那些土匪抢了。我记得我父亲跟我说，他去广西挑过一次货，来回要四五天，去的时候很高兴，回来他就哭了，开始挑了五六十斤，到家的时候，一斤都挑不起了，全部靠大人帮忙挑了。

草药要仔细辨别，不能出错。要抓住草药的特征，比如叶子的形状、味道、颜色。打个比方，我们这里有一种伸筋草，可以祛风除湿、舒筋活络。这个伸筋草有真假之分，真的可以起丝线，假的就不起丝，但是看上去样子差不多。

有一味药叫下山虎，必须靠味觉去辨别，吃起来凉凉的，苦味类似黄连，一点点就很苦，具有下火的功能，能治肿瘤。牙疼的时候，放在嘴巴里嚼一点牙就不疼了。但是下山虎仅仅靠眼力观察是辨别不了的，还必须用嘴巴去尝味道，感觉到凉凉的才是对的。原汁原味的大瑶山里的草药疗效真的是特别好。

瑶医不尝药就学不到药。我父亲也是这样教我们的，一般苦味的就是良药，甜味的是补药，麻辣味的很可能是毒药。

草药采回来以后要加工，先剁成一节一节的，晒干了，然后就用瓶子收藏好，这个加工还比较简单。有毒性的药还是要炮制的，要九蒸九晒。治疗风湿骨痛的"贴丹灵"需要30多味药，采回来后晒干、碾碎，需要熬制七天七夜，所以也是很辛苦的。行医本来就是很辛苦的活，所以一般人不愿意搞。我对行医还是很感兴趣。行医是治病救人的，是做好事积德。

草药的名字，是祖辈们传下来的，他们叫什么名字，我们就跟着叫什么名字。我们给草药取

⊙图9-2　罗振宏在给患者诊脉

（罗振宏　提供）

名很多都是根据药物的形状、特性来的。常见的有钻山风、伸筋草、下山虎。钻山风的特点就是祛风湿；伸筋草就是治疗跌打损伤，活血化瘀通经络；下山虎就是下火的，其疗效像老虎一样猛，是一味典型的猛药。我们要掌握草药的药性、外观，会辨识，不乱用。我行医治病30多年了，从来没有用过一个吊针，也没有打过一个小针，但是就是治好这么多病，花钱少，见效快。

这些草药的知识和使用方法就是一代一代口传下来的，凭记忆凭经验。我现在经常带把锄头，进山就可以挖药。我认识的常用的草药有一两百种。有些药是我们大瑶山特有的，其他地方没有，就算有，药性疗效也可能大瑶山里的不一样。

瑶族医药是祖祖辈辈长期积累的智慧结晶

以前，我们是住在大瑶山里的，过着艰苦的游耕生活，周围是深山老林，与毒蛇猛兽为邻，生产生活环境恶劣，生命健康经常受到威胁。到处高山陡坡，悬崖峭壁，蛇虫咬伤、风湿骨痛、跌打损伤骨折等外伤病症发病率较高。交通也落后，离县城很远，村民生病看医生很麻烦。在原始森林里，生病的、发生意外的老百姓很痛苦。比如说，万一被毒蛇咬伤，走出来已经没命了，错过了抢救时间。五步蛇毒性很强，抢救时间就只有一两个小时，到县城医院好难啊，有的要走两三天才走出来，你说还有命吗？

瑶族人民祖祖辈辈与恶劣的自然环境和疾病作斗争，利用大瑶山盛产的资源，积累了利用草药防病治病的丰富经验，形成了独具特色的瑶族医药。

瑶医的治疗范围很广，早中期肿瘤、乙肝、胆结石、痔疮、骨折、颈椎腰椎病、骨质增生、痛风、类风湿关节炎、坐骨神经痛、毒蛇咬伤、皮肤病、黄疸肝炎、不孕不育等，都可以治疗。其中，风湿骨痛的疗效是最明显的。只要内脏是好的，80岁、90岁的老年人，颈椎、腰椎疼痛都可以治好。瑶族医药风湿骨痛"贴丹灵"治疗有贴丹、抽吸、内治、外洗四个步骤。四个步骤都很重要，但是核心在于药材的配制与炮制。

我们瑶族人从小有学医的习惯和爱好，每个人都要掌握一些基本的医学常识，才能与大自然搏斗。瑶族人民祖祖辈辈就不断积累，传承这些中草药的知识和经验。这是必须要学的，如果不学，在恶劣的环境中不能生存，不能保命啊。民间医学，也很简单，它就是一根根草、一兜兜树根，没有其他绝招。但是这个草、这个树根呢，是瑶族同胞千百年摸索出来的经验，是我们瑶族人民的智慧结晶，它们的的确确能够救命。很多人有胃痛，其实我们治疗胃痛就是一味草药，熬水喝就可以。我们瑶族有这么一句话，浸酒就是打药，活血化瘀；浸荤就是补药，就是猪蹄呀、排骨啊，就是这么一代一代地传承下来的。我们就学一点点皮毛，很多就是一种生活经验的积累。

我以前在县城开药铺。我父亲那时候年纪大了，他要求我来这里搞个点，因为这里是湖南与广西的交界处，可以服务更多的瑶族老百姓。于是我 2006 年来白芒营了，然后就一直待在这里。这里离广西还有几十公里，距离沱江也有几十公里。

我很敬重医学老前辈，我家墙壁上都挂着扁鹊、华佗、李时珍这些医生的画像，既是对他们的崇敬，也是时刻鞭策自己。因为他们的传承，祖国医学才得以一代一代地传承下来。这是祖祖辈辈的功劳啊！

小孩子黄疸肝炎是很急很重的病，我用母亲教的方法治了很多患黄疸肝炎的小孩子。很多小孩生下来患黄疸肝炎，在我们县城医院都治不好，要去长沙治疗。小孩患黄疸肝炎，全身都黄，我们瑶医有一个方法。其实这个方法很简单，因为是秘方以前我们不能说出来。我现在就毫无保留地告诉大家，就是用土鸡蛋的蛋清加四季水葱搅拌，然后上午在孩子大椎穴揉搓、推压，推出来全是黑的，证明背部的毒液在排出来。第二天全身就不黄了，只是眼睛还有点黄。学西医的医生都佩服这种治疗方法。其实按照传统的中医理论来说，这个原理很简单，就是经络不通。因为从经络来说，这个黄疸肝炎，是肺和肝胆不排毒，大椎两边是膀胱经，毒素从这里排出去了，疏通了，就好了。要注意的是，揉搓只能在上午八九点钟阳气最高的时候进行。

还有新生儿破伤风，对于农村人来说也是很头疼的事情，但是我们瑶医有秘方。江华山区较多，由于缺乏医生，医疗条件比较差，新生儿容易出现破伤风。原因可能是使用未消毒的剪刀、线绳来处理脐带；还有就是接生者的手或者包盖脐带的棉花纱布没有严格消毒，病菌由此侵入。用现代医学来解释，新生儿破伤风就是由于破伤风病菌侵入脐部，产生毒素而引起新生儿牙关紧闭，全身肌肉强直性痉挛、抽搐，是一种急性严重感染性疾病。这种疾病常在出生后第六七天发病。由于起病较急，患者最初全身不适，乏力、头晕、头痛，24 小时后出现肌肉强直收缩，发作数秒至数分钟，呼吸急促，口吐白沫，全身大汗，如果持续性呼吸肌群痉挛，就会造成呼吸停止，甚至死亡。治疗新生儿破伤风的绝招是我母亲教给我的。现代西医说的新生儿破伤风，我们瑶医给它起了很形象的名字，叫作"七早风""四六风""脐风""七日风"等。在过去，一些偏远山区，由私人接生引起的七早风时有发生。主要症状就是婴儿哭闹，口张不大，吸吮困难。其实就是牙根发炎了，可以用豪猪箭去刺破，也可以用溏鸡屎擦上去，就是大公鸡刚刚拉出来的粪便。不能用白糖，用白糖会上火。这个民间偏方是一个老师傅教给我母亲的，我母亲又教给我。

⊙图9-3　患者给罗振宏送锦旗表示感谢（龙运荣　翻拍）

我母亲是大户人家的女儿，懂道理，又读了书，会写字，人也很聪明。我母亲十一二岁的时候，我外婆那里有一个孩子得了七早风，就是现在说的破伤风，家里请了一个80多岁的老师傅来治病。虽然那时候我母亲还很小，但是她很懂礼貌。那个老师傅帮孩子治好了病，我母亲就捡起旱烟杆，装好烟丝，很乖巧地请老师傅抽烟。没想到，老师傅一眼就看中我母亲了，要收我母亲为徒弟，还说，你现在学好技术，等你长大了，就可以为人家做好事。这样，我母亲就学了这个治七早风的秘方。后来，我母亲慢慢地又学了很多关于妇科、儿科的医术。

真正是高手在民间，你不去学就失传了

我们的优秀传统文化蕴含着丰富的生存智慧，但是现在很多东西面临着后继无人的尴尬局面，祖先们留给我们的很多宝贵东西，就要失传了。

我对老人家是很尊重的，这来自父亲的教导。父亲说，家里祖传的医术是不够的，你要珍惜社会上的所有老人。他认为我们只有向社会上的老人家取经学习，结合自己祖传的医术才能有提升。我把所有的老人家都当成我的父亲、母亲一样尊敬。就这样，我也得到了很多老人家的帮助，他们的绝招都会告诉我。

我得到了很多老人家的支持。我有一个治疗枪伤刀伤的偏方就是一个 90 多岁的老师傅教给我的。他原来是国民党军人，后来投诚参加了共产党部队。1949 年前，他奉命参加解放四川峨眉山的战斗，峨眉山的老方丈就提了一个要求，当官的挑 40 斤水，当兵的挑 20 斤水，从山脚下挑到山顶。当时三四十个人是挑 40 斤水的，我们那个师傅也是要挑 40 斤水的。方丈邀请挑 40 斤水的人到后院吃饭。解放军官兵们经过上级批准，决定接受邀请去后院稍作休息，强调进去后不能吃一样东西，不能动群众一针一线。到那个寺庙以后，方丈摆好桌子，准备了水果、茶、点心。解放军部队是有纪律的，哪个敢吃。老方丈没办法了，他就说心里话了，叫你们来这里没有什么目的，就是为了感谢你们挑 40 斤水，我是为了感谢你们，我没有其他的用意，这些茶水、点心、水果都没有毒，我可以吃给你们看。解放军就解释，我们部队不能拿群众一针一线。最后，那个方丈没办法了，就说你们既然不吃东西，你们解放军打仗，我就教你

们一种治疗枪伤刀伤的偏方吧。我那个师傅，他有文化，他就把这个方子记录下来了。他经过多年观察，教给了我，因为我很尊敬他，我也在为人民大众减轻病痛，师傅都看在眼里。他考察我很长的时间，看到我真的做了很多好事善事，才决定教给我的。

我师傅八九十岁了，带我去白芒营采药，采的四样药，我都记下来了。他说我学了这个绝招以后一定要多做好事、做善事。他说他以前打仗打到一个地方，他和另外两个人出去玩，看见一个脚受伤的农民，犁田的时候挫伤的，三四个月都没有好，看了很多医生，还是没治好。我师傅发善心，找齐这四味草药，用锤子捣烂，炒热，用酒拌好，凉了之后再给他敷在伤口上。因为给老乡治伤耽误了返回部队的时间，三个人因为迟到违反了部队纪律，被部队关禁闭了。第二天那个老乡来了，他的腿敷药一个晚上好多了，能走路了，前来感谢我师傅和那两个解放军战士。部队赶紧把他们三个放出，再放三天假，继续给老百姓去弄药，搞好群众关系。

我也用过这个偏方，效果真的是好。有一个建筑工人，他的脚被铁钉弄穿了，铁钉生锈了，有毒。住院一个月，打了一个月的吊针都没用，他的腿肿得很大。我准备给他用三天的药，哪知道第二天他就来感谢我，说感觉好了很多。

我们现在是新时代，还是要讲究科学，就是中医说的，阴阳都要会，阳就是现代的看得见的医学，阴其实也不是迷信，只是我们现在还不能解释或者还不能用现代的方法破解。

到我们这一代人，我们还是以科学为主。我父亲就要求我们不允许学下策。民间的医术有上中下之分，上策专门治病救人行善积德，中策治病救人，下策就是害人，属于歪门邪道。

我们瑶医收徒有讲究，不是所有人都教的。你看我墙壁上挂的"八医八不医"，性格很暴躁的人不教，容易犯错，不知道轻重。对于害人的歪门邪道，我们医生都嗤之以鼻。民间还流传有防范之法，比如把手指咬破，额头上点一下，或者用手在自己的额头上向上擦三下，据说这样，阳气就足了，胆子就大了。

修善积德、造福百姓是医生的神圣职责

我学瑶医，不后悔。虽然挣不了大钱，但是有成就感！我进城办事，早就有人安排住处、吃饭，我们附近的更不用说了。

医生就是要行善积德做好事，我到全国去看病都说这句话。父亲就是这么教我的。其实，我年轻的时候不想学医了，我看到我父母一辈子都做善事，没有收入，我就想打工赚钱。但是我父亲叫我学，因为我是最小的嘛，十几代相传的医术，我不学就失传了。我玻璃柜台上的"修心积德"四个字就是我到白芒营的时候，我父亲让我写的，我要时刻牢记父亲的话。

直到现在我才知道学医的意义，学医不但可以帮助好多人获得健康，而且还很有荣誉感。白芒营有个 24 岁的女孩，严重贫血，身世坎坷，苦命人。她生下来就被遗弃了，有个以捡破烂为生的孤寡老人捡废品的时候发现了她，把她抱回去养大。成年后，她就去广东打工了，没多久就跟别人结婚了，生了三个孩子。三个孩子都没去医院生，缺乏护理，大出血，营养不良，身体也搞垮了。孩子爸不理她了，不要她了，在外吃喝嫖赌。最后，老人家没办法了，就把那个女孩子带回家来。家里也是贫困户，靠着政府的帮助盖了几间平房。这个女孩子回来后严重贫血，经常头晕、昏倒，坐个板凳都昏倒。到县人民医院去治疗，也不见好转，还欠了医院一千多块，医院建议她去长沙治。这个老人家找到我，看我能不能治好她女儿，她家里去不起长沙啊。我看她们蛮可怜的，就给她试着开药，吃了两三天中草药，她就能吃饭了，一个月基本上就恢复了。老人家很高兴，非常感谢我，说就是捡破烂也要把 2000 元医药费还给我。我说，你捡起了你就给我，捡不起，这点钱就不要还了。我也挺感动的，老人家不容易。

有个老人风湿瘫痪，治了半年，我还倒贴了几百块钱。曹渡村有个 62 岁的老人家，瘫痪一年，出不得门，也在大医院治过。她老公推着破自行车在街边米粉店吃米粉的时候，听到我为人治病的消息，就找到我这里来了。他说，他老伴瘫痪一年了，不但痛，痛起来还抽筋，每天晚上都哭，吵得其他人都睡不着。我看了之后，发现这位老人家内脏很好，心肺功能没问题，抵抗力、免疫力也强，就是腰椎、颈椎变形造成的神经疼痛。开药服药，9天后，就有效果了，那个阿姨很感激，痊愈之后，给我送了一面锦旗。这个病例，我接受湖南卫视采访的时候也说过。行善积德做好事，会得到老百姓的尊重，这些比金钱还重要。

我母亲也要我们几兄弟做善事，言传身教，对我们影响很大。我母亲的儿科是很厉害的，很有名气，附近的人都会来请她。母亲对我们要求很严。要做到随叫随到，有病人家属半夜来请，我们就要半夜去，下雨天也要去，因为别人要救命啊。我们现在也很忙，很辛苦，很多老人家来不了的，我们还要上门。

治病救人先要改变人的生活习惯。头痛、头晕、牙痛，胃痛的，病人自己改变生活习惯就好了，你不改变习惯，吃再多的药也治不好。肠胃问题跟饮食习惯关系密切。肠胃的问题其实是不良的生活习惯引起的。肠胃病有遗传基因，也有后天个人的原因。你不养生，暴饮暴食，吃生冷、辛辣刺激的，不吃早餐，没有良好的饮食习惯，胃就容易出问题。现在多数人的生活习惯都是不太健康的，生活压力大，经常加班，睡眠不足，人容易焦虑。我诊所墙壁上贴有"中医八不治"，就是不信行医者、不遵医嘱者、讳疾忌医者、口是心非者、朝三暮四者、自以为是者、重财轻病者、病入膏肓者，都不予医治。不听医嘱，没办法。

腰椎病怎么来的？就是不健康的生活习惯引起的，改变习惯就慢慢好了。我经常说这句话。

有个牙痛病人他买了十多斤小河鱼，用油炸，全是油，吃了一个礼拜的鱼。我说，你就这段时间不吃鱼了，你吃一段时间青菜。我没有给他开药，我开治疗牙痛的药，他还是吃那个油炸的鱼，能好吗？

我有一个30多岁的朋友，是县城的。她一天深更半夜打电话给我，很着急啊，说："罗医生怎么搞啊？我得大病了，我会死了！"我说："什么病呢？"她说："这个房子都在倒，感觉头要下地了，脚很轻，起床都不敢起！"第二天早上，她就打车到我这里，我帮她看了一下，发现是脑供血不足导致头昏脑涨，其他方面都挺好。我问她："这几天熬了夜没有？""哦，我看了三天三夜的那个连续剧，晚上也看，白天也看。"所以，我给她开的处方就是手机交给老公，自己好好睡觉、补足睡眠、闭目养神。第二天早晨一大早她就打电话给我："罗医生，你真是个神，不打针不吃药，治好了我的病！"这都是不健康的生活方式引起的啊，熬夜熬的。

我们国家现在为什么重视中医？其实中医讲究良好的生活习惯，而且重视经络疗法。中医针灸就是疏通经络啊，我们瑶医有时也针灸，疏通经络了，再内服或外用对症的中草药，病就好了。

治病救人一定要讲究方法，要懂得病理，辨证施治

坚持锻炼是好事，但是也不能盲目锻炼。老一辈，劳动就是锻炼。做家务、挖土种地、挑担子、背东西等，可以让身体得到充分锻炼。现代人长久用电脑和手机，必须要养成跑步、打球、散步等运动习惯。以前有一个养羊的故事就很能说明道理。狼的时候，羊学会奔跑，要逃命，羊长得强壮；把狼全部打完，羊吃饱就睡，没有危机意识，结果羊全部死掉了。这个故事就是说生命在于运动，但是也不能过度的运动，也要注意方法，如果身体虚弱就不要勉强锻炼，那样会适得其反。身体虚弱的话，就慢慢走，散散步，不能太剧烈了。

体质很虚的病人，要温补，不要乱下药，不能大补。要是用人参、鹿茸这种大补的，病人鼻子会出血的。本来就半个月不解大便，还能补吗？你补了他可能一个月都不解大便。我们都是对症下药，特别像脑出血、脑中风、脑梗死的，好多都是因为亲朋好友善意的大补害死的。我有一个朋友得了脑出血，及时送到医院去抢救治好了。他生活能自理了，去看他的这些亲朋好友都很关爱他，给他送土鸡、鸡蛋还有滋补品补充营养。没想到，吃了之后，蹲在厕所几天都解不出大便，没有几天就又

复发了。大便解不出来，他一用力，这个脑血管不就第二次破裂了吗？很快就去世了。

瑶医讲究食疗，药食同源，副作用小，成本也低。黄色在五行中属土，对应人体的脾脏及胃，可以保护脾胃的健康，且食疗效果佳。脾虚的，多吃黄色的食物，玉米呀，南瓜呀，麦片、小米啊，多吃黄色食物就能改善脾虚的症状。黑色入肾，肾阴虚时多吃黑米、黑芝麻、黑木耳、黑豆、乌鸡、黑枣等黑色食物。肾阳虚是肾脏阳气衰竭引发的疾病，常有畏寒怕冷、四肢冰凉等表现，平时多吃牛肉、羊肉、韭菜、洋葱等温热食物，有补益肾阳之功效，能缓解症状。

大便不成形，这就是脾肾阳虚，要多吃一点黄色的东西。经常吃点玉米，搞点小米粥，吃一点红薯、南瓜，吃一点麦片。吃一天两天，大便就能成形。我以前去南方医科大学进修，考取了一个公共营养师证。营养师强调药食同源，其实有些食物也有药的功效。冬瓜也是药，肺心病、水肿、肾不好的，我们就经常叫他吃冬瓜，搞点鳅鱼煲汤。冬瓜是利水的，有利尿消肿的功能。瑶医也很讲究饮食。老祖宗说这东西都出自我们大自然里面，经过反复实践得出了经验。不要乱吃药，是药三分毒。如果肠胃不好，那就不能吃辣的，不要吃那些对胃有刺激的东西。

治病要懂得原理。热的病，就要用寒凉的来治疗，这个寒的病要用温的治。关节红热肿痛、痛风，就要用冷敷贴，不能贴热敷贴，如果用热的药去治，那会要人的命。

我出去给别人治疗脑出血、脑梗死，第一个要求就是饮食上不能油腻，要吃清淡。不要让他上火，保持大便畅通。我们作为医生，为什么要辨证施治？大小便是诊断的第一个问题，大小便不通，什么病都会来。我这也有一个很好的案例。就是有一个女孩子，结婚了，生了个小孩子，才一岁，老公在外打工，家公家婆也在外打工。她一个人带着一岁的小孩子在家里。小孩感染上了手足口病，县人民医院要求她转院到长沙湘雅医院。那天我也是去县城出诊，看到她在那里哭啊，给她老公打电话说没有钱，说这个小孩子病危了，没得救了。旁边商店的老板娘认识我，她要我出出主意，想办法。我本着做善事的心理，就问了病情，发现小孩的嘴巴有点烂，整个脸都是青色的，仔细一问，才知道小孩子已经有七天没有大便了。你想啊，七天不大便，不排毒，不疏通，大人都受不了，更不用说是小孩了。我就开了几味中药，要她捣碎了，给小孩泡水喝，喝了不到一个小时，小孩子就解了很多大便，就说要喝稀饭。他妈妈很高兴，就打电话感谢我。

有一个骑行阿姨的故事更是如此。这个故事说起来好笑，她给我写的一篇文章，发到群里面去了，被转发到网络上，全国好多人都知道了。一个60岁的阿姨计划一个人骑自行车从海南到俄罗斯去。那天到达我们江华县城就天黑了，刚好住在我这个诊所对面的宾馆。她不小心吃了没有煮熟的江华特产——十八酿豆腐，吃了就拉肚子，到医院去打了两天吊针，还没有治好，走路也没有力气，踩单车就踩不起来了，找到我这里来治疗。我就开了点草药，搞了点水，她喝了没有多久，人就舒服了，连连说："哎呀，瑶医太神奇了！"她给我写了一篇文章，还发到那个骑行的群里面。

↑图9-4 罗振宏诊所内的锦旗和草药（龙运荣 摄）

湖北那边有一个大客车司机，患有结石症，经过我们江华的时候，我就开了几副草药给他。八年以后，他还记得我。他们那个单位很多人有结石，他想起我了，就把我的信息告诉周围的同事。过年前我还给他们寄过药。

我们瑶医很多都是靠个人经验来判断的，不一定要照片子、用机器检查。比如腰椎间盘突出，当你腰部附近疼，那是一椎二椎压着神经。你要是腰椎三、四节膨出会引起大腿远端的前侧疼痛，腰椎四、五节膨出会出现小腿外侧和脚面的外侧踝麻木，行走困难。

传承好、发展好瑶医是我最大的心愿

在过去，我们瑶族医药传男不传女，自己的女儿都不传，情愿传自己的媳妇。以前很保守，因为要养家糊口，传出去了，自己就没生意了。教了徒弟饿死师傅，这是传统观念，保守陈旧，现在也不顾虑这些了，现在谁没有饭吃啊？国家这么强大了，要实现中国健康梦啊。现在只要有人愿意学，我就教，不分年龄，不论男女，来治病的，愿意学的，我都教。

我们要牢记救死扶伤的初心使命，要为人民服务，去造福百姓。作为村里的优秀共产党员更应如此。白芒营的父老乡亲对我的评价是很高的。我现在也有20多个徒弟了，他们也是主动向我学的，我都教了。传承瑶医是我的社会责任。思想要放宽一点，再一个，我也是一个有10多年党龄的老党员。收徒弟，一定要把好人品关，心术端正，这是最关键的。

就看病而言，教材、资料是一回事，还需要面对面的传授，需要师傅的点拨，要能够识别这些草药，懂得治疗的原理，这需要时间，还要看个人的领悟能力。打个比方，治疗牙痛的药我们全都是亲自去采的，有人牙痛了就去采那几种药。现在学习知识很方便，我用手机拍下来，告诉你治疗牙痛就是这几种药。治疗刀伤我就拿几袋药，我用手机照下来，再告诉你用量多少，怎么加工，怎么包扎。所以说"假传万卷书，真传一句话"。师傅要是不点拨那个绝招，你是学不到的，学不到精髓。

很遗憾啊，现在的很多年轻人对瑶医都不感兴趣，不愿意学，吃不了这个苦，嫌收入低。我大儿子原来在零陵卫校读书，读了两年就去当兵了，也不想做医生。退伍后跟我侄子到广州工地上做事情，半年有六七万元。孩子都支持我来做，我这些非遗申报、考核的资料都是我孩子搞的，因为他懂电脑嘛。我不会搞，我孩子他们聪明，他们帮我搞。

鼓励民族医生，国家有政策，传承五年以上的民族医生可以去考职业医生。我考的是风湿骨痛这一专长，有这个证就可以到医院上班了。卫生局会提供推荐材料，证明你确实是工作了五年以上的民族医生。没有五年以上的，不能考。培训大概要半个月，半个月以后就考试。

我到湖南医科大学进修过，学无止境，有了祖传的经验再结合一些专业的理论知识，可以更好地为人民服务。

我以前去深圳工作过，后来又回来了。大概是1995年，当时我有一个朋友在深圳一家医院的放射科工作，有七八千元一个月，他说罗医生，你来这里不低于七千元。去了以后，我觉得在那里没有自由，待了几天就回来了。家乡有很多老百姓需要我，不管是在县城还是白芒营，都有很多老百姓找我看病。我还是那句话，我到什么地方就要造福一方百姓。我们每年都要下乡搞义诊，免费给老百姓治病，这是县里面要求的。网络时代，海南、广东的一些患者拍个照片过来，我们诊断后把药给他们寄过去，也做一些远程医疗。不过，我们觉得最好本人过来，面对面地诊断。

我做医生，不是为了钱。我尊老爱幼，对朋友也讲爱心。我们当医生第一重要的就是谦虚，不断地学习，积累医学知识，让老百姓用更少的钱买到合适的药物，帮他们治疗，帮老百姓保持健康。同时还有一个，在医德方面，把所有的老百姓当自己的亲人，这一点很重要。这个就是医德，我父亲也是这样教我们的。

我也不是每个病人都治得好。没有把握的就不治，建议他们去医院治，要量力而行。比如严重的心脏病，因为我的设备还是没有医院那么好，我没有那种仪器，不要耽误别人，能治就治，不能治就让病人去上级医院。这既是对病人负责的表现，也是一种自我保护。

草药在现代社会也是受欢迎的。每年端午节前后，江华县城街道两边都是药材，全国药厂、外地客商都来这里买中草药，什么名贵药材都有，整个大瑶山的药材都有。道县、蓝山那里也有，但是没有江华的这么齐。端午节前后的药材交易是自发形成的，祖祖辈辈传下来，相当于是瑶族草药节。

我今后的想法，一是要把瑶医的精华、偏方等整理出版，造福人类。古人写的这些医书都流芳百世了，没有这个书也不能这么好地传承。没有文字的传承，传承就会断裂。我想把我学的这些知识啊，编成一本书，谁看谁懂，谁需要谁去看。想把我学的这些精华好好整理一下，成序列的，包含卡喉水、九龙水等医术。

民族医生可以考职业医生执照，我也去考了，卫生局让我们报名去的。我现在也考过了，正在准备考民族助理医生。我是初中文化，文化水平还是太低了，很多方面确实有点欠缺，你让我说，我说得出来，但你要我写出来还是有点难度，而且现在也很忙。

还有就是要实现瑶医瑶药的产业化，与高校、药企合作。采取一种开放、包容的态度，让社会受益，造福人类，发扬光大。申请专利，和高校、医药公司合作开发，这样你也得利了，社会也受益了。自己拿着，受益面太窄，还面临着失传的危险。还是要想办法与高校、科研机构、药厂合作，才能真正造福社会，让老百姓得利。云南白药实现产业化对整个人类都是一大贡献，还有蒙药、藏药、苗药做得都还可以。总之，传承好、发展好瑶医瑶药，是我这辈子最大的心愿！

李氏七箭刺风疗法

愿以仁心守护瑶山安康：李珍清

访谈时间：2023 年 3 月 8 日

访谈形式：线上访谈

访谈对象：李珍清

访 谈 者：龙运荣　张　叶

访谈手记：中国南方雨水充沛，树木茂密，气候潮湿，故瘴气弥漫，且深山之中常有猛兽、毒虫及各种瘟疫疾病。瑶族世居深山密林，民风较为淳朴而强悍，因此有"无山不成瑶"之说。瑶族在世代生产生活中与自然斗争，积累了丰富的医治伤筋断骨、虫蜇伤病和防治各种疾病的经验与技术，且与阴阳五行等中医思想多有交流，形成了众多原始、独特而原生态的瑶族医药知识和技术。瑶族医药是处于深山的瑶族人民长期与疾病作斗争的智慧结晶，不仅有着悠久的历史、丰富的治疗经验，而且具有独特的民族文化风格。医药结合是瑶医的特点，习医者必懂药，识药者必会医。李氏秘传"李氏七箭刺风疗法"就是在这种历史背景与环境之中发展而成的。瑶族没有自己的文字，瑶族医药的传录方式全靠口耳相传、指药传授、指征传经，在采药与治病实践中逐渐掌握各种草药的名称、形态、功用，学习各种秘方、验方和使用方法。随着社会的发展，瑶族医药文化也积极融合兄弟民族的医药文化，与中医药相结合，同时融入了现代医学的元素，是瑶乡人民创造的精神财富，也是中华民族文化的宝贵遗产。

李珍清，男，瑶族，1957年4月出生于湖南省江华瑶族自治县花江乡黄石村一个贫穷的农户家庭。祖辈从医，李珍清从小耳濡目染瑶族医药，对瑶族医药有着浓厚的兴趣，跟随祖母、伯父上山认草药、采草药、识药性，小小年纪便能识别几十种中草药。李珍清广泛收徒，口传身教，并多次前往外地授课。此外，他还治学修书，积极开展教学传承活动，每月定期坐诊，积极传承和推

↑图 10-1　李珍清（李珍清　提供）

广瑶医瑶药医疗技术，为瑶族医药文化的传承和发展做出了积极贡献。2013 年 7 月，"李氏七箭刺风疗法"被永州市人民政府有关部门核准为非物质文化遗产保护项目①。李珍清是江华瑶族"李氏七箭刺风疗法"的第十二代传承人。

项目简介

李氏七箭刺风疗法，2013 年 7 月被永州市人民政府有关部门核准为非物质文化遗产保护项目。李姓是原始瑶族十二姓之一，在瑶族历史上被迫不断大规模向山地迁徙，过着流离颠沛的生活。先辈们不仅创造了丰富多彩、光辉灿烂的瑶族文化，更不断地创造、总结、积累了众多独特而原生态的瑶族医药知识和技术。李氏秘传"七箭刺风疗法"就是在这种历史背景与环境之中发展而成的。李氏七箭刺风疗法：取豪猪背脊

---

①　李氏七箭刺风疗法 2023 年 12 月入选湖南省非物质文化遗产代表性项目名录扩展项目名录。

上如箭一样的棘刺7根制成小圆盘，把弹性实木手柄和小圆盘连接起来成小槌状，用局部叩击放血，再用竹罐拔出淤血，然后贴上自制的药膏来达到治疗风湿痹痛的目的。李氏七箭刺风疗法共分4步：拔罐；放血；贴膏；内服瑶药方剂——服用瑶山五虎、九牛、十八钻和七十二风等配制的瑶药。李氏七箭刺风疗法是运用"治风先治血、血行风自灭"的原理，实行内外兼治的方针，以痛点筋脉找穴施治，疏通患者全身经络，改善患者局部血液循环，达到治愈各种顽固性风湿、骨痛病的一种治疗方法。李氏七箭刺风疗法简单、方便、快捷、灵验，便于采用家庭式、集市式的医护服务模式，而且治疗费用低廉，治疗效果好，治愈率高。

行医治病，是我儿时的梦想

我叫李珍清，今年67岁，出生在江华瑶族自治县花江乡黄石村。我们家有八姊弟，我排行老六。我父亲是瑶医，帮别人治点小病，母亲是农妇，就在家里做事。

一般在农村里面，老百姓都是日晒雨淋、肩扛背荷的，经常一身起痧哪里都痛。伤寒啊，风湿骨痛啊，关节炎啊，在我们这里尤其是中老年人中是很常见的。以前没有西医，都是家里的老一辈上山采挖点草药，熬着喝，再拿草药泡一下澡，气症痧症就都好了。那个时候在农村，大家都知道一点医术，我祖父祖母、伯父舅父他们也都是搞草药的，有时帮别人治一下伤寒、破皮伤疤和无名肿毒之类的病。

小时候我看着伯父他们当医生，很羡慕，我就梦想着当医生，为老百姓治病。因为以前西药少，看病的医生也少，那时候我就想，自己要是能学一点医，也就能方便自己家里人和隔壁的邻居，也好帮别人看看病。

还记得我七八岁的时候，那时候还在读书，我和同学们放学了就在家里玩摆家家酒的游戏，大家可以煮饭啊，搞野炊呀。每次玩的时候，我不像其他人要扮爸爸扮妈妈，我就学医生的样子搞一个盒子背着，扮医生。

我8岁时父母就让我跟着伯父采药，每天背着小药篓，到山上认草药、采草药、识药性，慢慢地也认得几十种草药了。我跟着我伯父一起给人家治一些毒邪腰酸、无名肿毒、痧气风气这类的病，一般瑶山上的草药是可以治这些病的。后来，伯父要求我背诵《伤寒论》《金匮要略》等中医典籍和教材，虽然很多地方我都还理解不了，但我记性倒是蛮好，每次伯父考我的时候，我也差不多都能回答得出来，家里长辈都很喜欢我。

我8岁那年，村里一位姓袁的瑶胞来找我的伯父治病，恰巧伯父不在家，我平时常常看到伯父给别人治这种病，于是就学着伯父的方法给病人开了方子，抓了草药，告诉他捣碎外敷。几天后，这位病人的病治愈了。这也是我治好的第一位病人。

我读书就读到四年级，6岁开始读书，到10岁我就没有读书了，家里没钱就供不起了。那时候我家是住在一个小镇集市上，因为我们是非农人口，全家就被下放到一个生产队。在生产队以后，12岁的我就做事了，挖土，砍柴，造林，种红薯，种玉米，这些我都做。但我一直还想着学瑶医这件事。山上不是有些草药嘛，我上山砍柴的时候就会找一些、挖一些草药，然后就一步步地认，一步步地学，找一些药书看一下，白天干活，晚上就打着煤油灯照着看书，学了很多民间秘方、验方。我也常常向别人借医书来看，然后自己再抄写到笔记本上，有的时候看到报纸上关于中医药的内容，我也都会把它剪下来，贴在自己的笔记本上。那个时候我只想着多读点书，多学点东西，这样才能更好地帮助别人。我祖父还要求我，去向一些民间瑶医拜师学医，说是这样才能把医术学好学精。我就外出去拜师学医，拜了十来个民间瑶医为师。

那时候我也开始帮村寨里的瑶胞治一点小病了，大家都晓得我了嘛，哪里伤了病了也来找我，周围60里路范围有病人都叫我去看病，随喊随到。当时村里有个人眼睛长了疔疮，她四处求医，到沱江、水口等一些医院都没有治好，后来她找到我这里，我在伯父的指导下大胆给她治疗，没几天她的"疔眼"就好了。如此一来，我的名气也慢慢大了起来。这样大概到了我15岁，我们大队干部就把我选作大队的赤脚医生，送到县里去培训。我多次参加县里举办的赤脚医生专业知识培训，三次脱产参加江华卫校、道县卫校、祁阳卫校举办的医学专业知识教育，利用参加全国各地举办的各类医疗学术研讨活动的机会，积极学习和融合兄弟民族医疗特色经验。每次外出巡诊、采药的时候，我也会找机会向一些熟悉医药的隐士高人学习各种民间疗法和技巧，博采众长，吸收大家的经验。

1973年，当地老百姓推选我担任东田镇黄石村的赤脚医生。我们赤脚医生就是专门用草药施治，背个药箱，里头一根银针一把草，手里还带着一把药锄，就这样上山下乡去给别人治病。给患者看了病以后，我们也会根据患者的需要，背着小锄头到山里挖些草药来，用我们的磨药疗法，把那些草药倒进一个钵头盖里，磨成水给患者喝。那时候我们就是这样下乡治病的。

我参加完赤脚医生培训班后，便走上了一个人独自行医的路途。那个时候的乡村医生，要负责整个大队乃至隔壁大队上千人的卫生健康，我常常是背着医药包随喊随到的。

⊙图10-2　李珍清在给患者治病（李珍清　提供）

那时候我们农村实行的还是生产队集体劳动，讲工分的嘛。我们大队有 13 个生产队，每一个月各个生产队要出一个赤脚医生，那时候搞预防接种，赤脚医生都要下乡搞巡回医疗，各个生产队都要走到，一个月就是 20 多天工，这个是只讲工分，不讲钱的。

我从 8 岁治疗第一个病人开始，到现在还是在做医生，我这一生写过的病历及药方少说也有 50 斤了。想想我干这一行，也干了 50 多年了。

我的病人就像我的亲人一样

"博爱之谓仁"，医学人文就是以人为本，既要治病，又要关心人，关爱人。我们对待病人要有着发自骨子里的赤子之心和不忍之心，要对病人有大德，有大爱。在我眼里，父辈行医多年，对病人都一视同仁，遇到贫困患者，还经常减免医药费，真正把减轻病人的痛苦作为医生的使命。我要传承下去的，不仅仅是医术、疗法，还有这样一份责任与使命。

急病人之所急，痛病人之所痛，是我数十年身体力行的职业准则。行医最重要的便是一个"德"字，有钱给治，没有钱也给治，我对患者就好比对自己的亲人一样。我在家里开了个卫生室，是大队赤脚医生卫生室。那时候看病就是 5 分钱挂号费，有些疑难杂症我们都是用草药治，就是把草药生切再口嚼，嚼烂了之后给病人外敷。我们出诊，无论路程远近、风霜雨雪，都不辞辛劳，竭尽所能。就算半夜来喊我们，我们也是随喊随到的。

那时候我们到县城也是很远的，而且没有车，要坐船到县医院去就诊。有些病重的患者来了我家里，我也拿钱把他送到县医院去。我记得有一次，有个深更半夜来的女患者，我们治不了，我们也掏钱把她送到县医院去治，还帮她垫付住院费。有些病情严重的患者，深更半夜到我家，我们照顾他吃住，大小便不方便我们也要背出背进的。我心里就在想，他来这里治病，就像我的亲人一样，我恨不得两下就把他的病治好，消除他的病痛，让他早日恢复健康。

我印象中最深的事情发生在 1976 年的一个晚上，一户人家小孩生病了，家里人走了 15 里的山路找到我，得知情况后，我便拿着马灯和电筒，足足走了 2 个小时才到孩子家里。当天晚上，我就对那个孩子进行了针灸疗法并让他配合服用草药。第二天清早，我又带着锄头在患者家附近寻找治病草药。俗话说，一根银针一把草，赤脚医生两件宝。那锄头就是我的第三件宝。我们除了带一些常用药，其他草药会根据患者的需要，在他家附近寻找，所以药锄也是赤脚医生必备的工具。我的那把锄头跟着我几十年了，锄口都已经被磨平了。

我还记得，有次雨夜出急诊，我抄近路攀爬山坡，那时雨下得大，十多米高的陡坡上都是水啊泥啊，很滑，突然手电筒灯丝烧断熄灭了，我也看不清路就踩空滚下山坡了。但是一想到病人还在等着我，我也顾不上自己痛不痛了，就爬起来继续走，当我赶到患者家里时，他的家人看到满身伤痕和泥浆的我，全都很感动。还有一年，有个小伙子因乘坐的三轮摩托翻车起火致严重烧伤，伤者送医院后由于伤口感染又无钱交纳住院费用，他的家人就打算转送到我的村卫生室治疗。但是我考虑到村卫生室既没有病床，也不具备住院条件，我索性将伤者接到我家里去，给他提供食宿和治疗，同时让我的妻子日夜护理，过了 20 多天，伤者的烧伤基本治愈，正准备回家时又因重感冒并发病毒性心肌炎。他家里经济条件比较差，但是这个病也拖不得，我就想方设法筹来 2000 元并请了专车，一路陪着他到县人民医院接受治疗，包括前前后后的一些花销我都自己贴钱进去。我跟病人是不怎么讲钱的，只要他能康复，人家就会感恩我们，我心里就很高兴了。

去年 12 月份，全国各地疫情防控开始慢慢放开了，这相当于是机遇与挑战并存。中医讲"未病先防""既病防变"嘛，我们瑶医瑶药就要好好发挥"治未病"的作用。本来我们瑶山的瑶药又多，作为瑶医，我把瑶药推广给大家预防疾病，这个就是我的义务。于是，我跟妻子当时就在家门口熬制了一锅中草药给邻里村民饮用。这锅中草药里有五指毛桃，有金银花，有桑叶等，要经过配比熬制好，它主要有清热解毒、清凉解表的作用，对风寒感冒、发烧咳嗽等有良好的预防和缓解症状效果。除此之外，我还准备了中药包给大家带回去，这个中药包只要用水泡10分钟，再用大火熬开，熬开后再熬15分钟就可以喝了，很方便。我们家里的草药都是我跟妻子上山采挖回来的，我们每年都会给亲朋好友、邻里村民免费送一些自己采挖的中草药制成的药包和香囊，帮助他们预防疾病，强身健体。

⊕ 图 10-3　李珍清在给学徒讲解药物功能（李珍清　提供）

"李氏七箭刺风疗法"是瑶胞健康的古老传承

　　瑶族人民世代居住在陡峭险峻的深山老林中，过去的生活十分艰苦，不但缺吃少穿，而且缺医少药，终年与风、寒、湿相伴，加上气候多变，毒蛇、毒虫侵袭，防不胜防。为适应如此恶劣的环境，我们的祖先"靠山吃山"，苦心钻研瑶山中的草药，研究各种疗法，经过数百年历史，几十代人的不断完善，瑶医瑶药也就成为深山中瑶族人民抵御疾病的盔甲。它是瑶族人民在长期与疾病作斗争的过程中，积累总结出来的医学经验和治疗方法，它记录着瑶族艰难的历史足迹，闪耀着瑶族人民群体智慧的光芒。

我们瑶族过去没有自己的文字，瑶族医药的传录方式全靠口耳相传、指药传授、指征传经。"李氏七箭刺风疗法"是我们家族世代祖传下来的一项独门绝技，传到我这里已是第十二代。瑶医称该疗法为"豪猪箭放血疗法"。它是瑶族民间一种既古老又原始的治疗方法，相传原始社会的时候，人们就用豪猪箭来做放血疗法了，从那时候一直到现在还在沿用。选用大瑶山野生动物豪猪的棘刺制作小木槌，再从大瑶山采用天然瑶药五虎、九牛、十八钻、七十二风，依据祖传方法加工炮制炼膏，一般视疼痛部位为病穴，根据"治风先治血、血行风自灭、内外兼顾方有效"的治疗原则，以痛点筋脉穴位对症施法，疏通患者全身经络，改善局部血液循环，同时施以槌刮、拔罐、贴膏，并内服汤药等。这一特色疗法能治疗各种顽固性风湿、骨痛疾病，快速恢复患者肢体活动能力。

七箭刺风疗法所需的这种豪猪刺现在不好找了，因为豪猪没有以前那样多了。豪猪刺就像人的头发一样，老了会自己脱掉，最好的是豪猪的脊梁刺，硬度够，而且豪猪刺自然掉下来的最好。豪猪刺的医学价值和豪猪的进食习惯有关，豪猪是草食动物，尤其喜食含苦味的植物茎块，而含苦味的植物大都是草药，因而造就了豪猪刺能解百毒的能力。

其实这个豪猪箭不止我们瑶族用，藏族、苗族也都用。豪猪箭主要就是祛风、散瘀、活血、消肿。有些人牙齿痛嘛，牙龈肿痛啊，用豪猪箭戳一下就会得到缓解。

我就根据原始的豪猪箭用法，结合中医的梅花针、七星针的原理，改良制作了这个七箭刺风针，我把原始的单根豪猪箭改良为七根针来放血，因为直接用单根豪猪箭放血出血就大些，如果用七箭刺风针放血，出血少，就不容易发炎，还能起到疗风的作用。

这个七箭刺风针制作起来并不简单。先要用锯子锯开晒干的竹筒，保留到竹节 5 厘米的长度，再用柴刀将竹子从中间劈开。反复打磨 40 分钟左右，竹子小槌就成型了。准备好胶皮盖，将收集的豪猪刺穿过去，再用剪刀把多余的剪掉，只留前面尖的几厘米，这样反复穿插 7 根，再用胶水把胶皮盖子贴到做好的竹签上，七箭刺风针就做好了。

　　我们瑶医啊，虽然有和中医结合的地方，比如望闻问切、四诊八纲，但我们瑶医主要是讲目诊啊，甲诊啊，掌诊啊，总之瑶医有瑶医的说法，中医有中医的说法。比如这个骨质增生的治疗嘛，我们要给病人火疗，放血七箭刺风，再开瑶药，配猪尾猪骨吃，我们瑶医以药食同源的多。还比如这个疗法上，我们瑶医常采用药浴，这也是我们瑶医相较于其他民族医学的一个特色，这个也属于国家非遗。

⚡图 10-4　李珍清在给学生介绍瑶医瑶药（李珍清　提供）

　　先前有个患者患腰椎间盘突出，压迫神经，下肢浮肿、疼痛难忍、昼夜难眠，长期卧床不起。曾到过广西桂林等多地医院治疗，花费无数，均无效。返乡回村先后求助了 29 个民间中草药医生，还问过仙、算过卦等，仍然不见好转，他的家人情急之下找到了我。我就运用家传秘方"李氏七箭刺风疗法"，配合使用五虎、九牛、十八钻、七十二风等瑶药，采取拔罐、刺血、贴膏、内服、外洗等方法治疗 20 多天之后，患者疼痛消失，能行走，能干活。病愈至今已有 30 多年了，再没复发过。

在我行医数十年间，总结创新运用李氏七箭刺风疗法，亲手治疗的各类风湿痹痛症病例不计其数，均取得了显著疗效。

治学修书，我不能让瑶医瑶药灭迹

大山养活了祖祖辈辈的瑶族人，在我们瑶山上，深山老林的药材多而且品类丰富，都是道地药材。对于瑶山上的草药，我们瑶乡人采挖有自己的原则，就是"采大留小，单苗不采"，就是不要采绝它，让它生根嘛。现在有些药是稀少的，比如金毛狗脊，它是保护药材。因为我们都一直恪守着这条行规，瑶医才得以传承至今，生生不息。

以前旧社会我们是讲"传男不传女，传内不传外"，但现在我们扩大这个范围了，不论男女，不论内外，都可以传。包括我妻子，她也是受我的影响开始跟我学瑶医。学医传医，以德为先，然后我再看这个人是不是诚心学，对这个感不感兴趣。

瑶医多分布在瑶族聚居地区，整体数量还是较少。作为瑶族医药传承人，我清楚自己肩负传承重任，所以我也很注重对传承人的培养。现在我也带了 8 个徒弟，我对徒弟的教学都是口传身教，带领他们深入瑶山传授瑶药知识，实地实践，他们中大部分都可以独立行医了。有时候，我们也到外面讲课。我去年跟国医大师一起上课，上午是国医大师授课，下午就是我的课。关于瑶医药传承的问题，我主要还是想办班、修学、搞教材。

其实瑶医现在的困难就在于没有行医证，一个原因是我们是民间医生，传下来的都是民间疗法。再一个就是我们瑶族民间医药，包括瑶族、藏族，都是中医药的组成部分，现在国考的只有藏医和壮医的执业医师资格考试，瑶医、侗医等还没有。并且我们瑶医考证是很难的，因为我们瑶医的一个特点就是医药不分家，既要熟练掌握医术，又要通晓中草药及其药理。

为了让祖国的瑶族医药在神州大地上重新焕发出更加迷人的光芒，我是非常愿意将毕生所学都贡献出来，让更多的人知晓瑶族医药对疑难杂症和一些慢性病与难治性顽症的卓越疗效。现在我正在编写江华民间瑶医疗法的书，有几十种民间疗法，中草药也有，已经写了好几万字了。而且我都是采访了老瑶医的，我去拜访过他们，我将老瑶医的名字和疗法，以文字的形式记录了下来。疗法都写得差不多了，包括那些民间疗法的医者、老瑶医采挖草药的照片，我都有收录进来。我暂时打算先把这本书写出来，再出版。

不论是开展"李氏七箭刺风疗法"非遗传承教学活动，还是写书讲课，我都是希望能帮助到以后学医的人，希望他们继承我们的瑶族医药，将瑶族的这些民间疗法传承下去。我也希望更多的年轻后代知道我们的瑶族医药，造福更多的人。这些东西不传承下去就灭迹了，我不愿也不能让这份承载着瑶乡独特记忆的技艺就此消失。